ALMANACH des terroirs de France

2015

du CORSE

Auteurs :
Gérard BARDON • Jérôme CAMILLY
Jean-Claude ROGLIANO • Jean-Guy TALAMONI

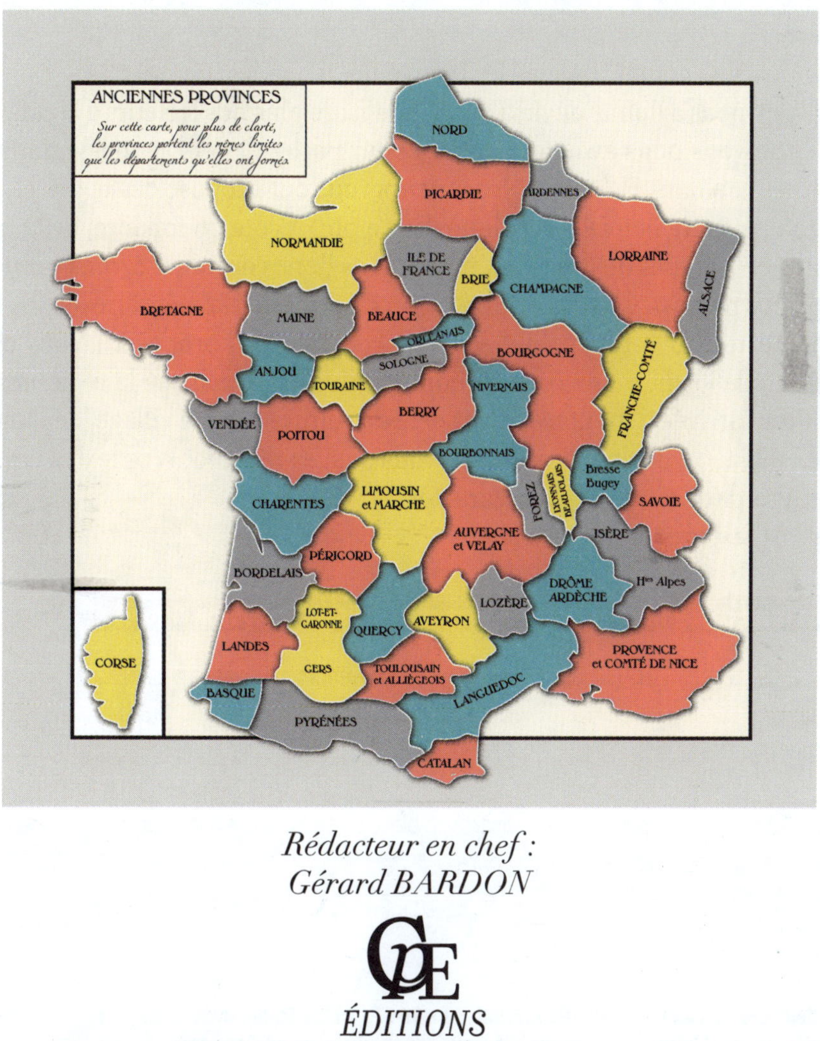

Rédacteur en chef :
Gérard BARDON

CPE
ÉDITIONS

Participez
à la rédaction de votre almanach

Dans l'édition 2014 de l'Almanach, nous avions lancé une grande collecte de contes populaires, ces vieux contes oraux qui animaient les veillées de nos ancêtres jusqu'au début du XXᵉ siècle.

Nous pensions cette vieille tradition orale quasiment disparue... eh bien vous nous avez surpris. Nous avons reçu près d'une centaine de retours de la part des lecteurs de l'Almanach à travers nos 44 éditions régionales. Parmi ceux-ci, plus d'une soixantaine de contes populaires qui nous semblent directement issus des vieilles traditions orales des campagnes. De vrais contes authentiques, des versions régionales du *Petit Poucet*, de *La Ramée*, de *Barbe-Bleue* ou encore du *Petit Chaperon Rouge*, mais bien d'autres encore.

Nos auteurs, spécialisés dans les contes populaires, sont en train d'éplucher toutes vos collectes, qu'il s'agisse des histoires que vous teniez de vos grands-parents ou de versions oubliées que vous avez trouvées dans de très vieux journaux.

Un grand merci aux lecteurs de l'Almanach pour cette formidable moisson qui va nous permettre d'entretenir la tradition des veillées dans les prochaines parutions de l'*Almanach des terroirs de France* et d'enrichir la collection des « Passeurs de Mémoire » qui redécouvre les terroirs de France à travers les contes populaires.

Si vous avez de nouveaux contes, ils sont les bienvenus.

Cette grande collecte nous a donné envie d'associer encore plus nos lecteurs à la préparation de l'Almanach. Certains d'entre vous nous avaient sollicités pour parler de leur jeunesse dans nos publications, pour parler des années 60 dans la région. Nos auteurs vous ont proposé des textes et, si l'on en croit vos nombreux témoignages, cette nouvelle rubrique vous a plu. À côté du folklore, de la tradition, des vieux langages, des contes et légendes de la région, nous allons donc continuer à vous proposer des textes sur les années 60 dans nos régions. C'est une autre façon d'entretenir la mémoire de nos terroirs.

Si vous avez des textes sur cette époque, vous pouvez nous les proposer : Vous pouvez nous parler d'une usine, d'un lieu de loisir, d'une compétition sportive qui a marqué la région dans les années 60. Vous pouvez raconter l'arrivée d'un nouveau modèle de voiture dans le village, de l'impact des nouvelles modes... C'est une ambiance, un état d'esprit que vous pouvez restituer. Vos textes devront faire entre un demi et un feuillet Word (de 2 000 à 4 000 caractères).

Nous attendons vos textes avec impatience.

Mettez votre conte à l'écrit sur papier libre, adressez-le nous en remplissant le coupon ci-joint :

Je soussigné : Nom...Prénom...

Adresse...Tél...

Atteste être le collecteur du texte intitulé :...

Autorise les éditions CPE à publier ledit texte qui est rapporté en pièce jointe à la seule condition de me remettre en deux exemplaires toute publication contenant ledit conte.

Fait à...

Le...

Signature

A retourner aux éditions CPE - ZA du Pâtureau 2000 (Pruniers) - BP 57 - 41202 Romorantin cedex
Vous pouvez également nous adresser vos textes par mail : almanachs@cpe-editions.com

L'ALMANACH DES TERROIRS, Votre compagnon

Que voilà une bonne habitude prise ! Celle de vous précipiter pour découvrir la nouvelle collection des Almanachs des Terroirs de France (44 terroirs).

Une nouvelle fois vous allez savourer votre région à travers récits, anecdotes, hauts et hommes d'histoire, délicieux produits, recettes, traditions et autres légendes.

Vous allez y déguster votre terroir aux quatre saisons, pour notre plaisir, pour votre plaisir, du moins nous l'espérons !

Le printemps offre généreusement ses sourires, aux rafales hargneuses succèdent la brise légère. Alors s'offrent à vous, encore tapies sous un coussin de mousse douce, violettes, pâquerettes, pervenches, primevères… exhalant dans l'air leurs délicates senteurs. Les campagnes revivent, les terrasses des cafés aussi… Les portes s'ouvrent, les cours aussi… Les jupes raccourcissent, les genoux se dévoilent…

L'été, d'azur ensoleillé est quelquefois parsemé de nuages et de brumes. Il porte en lui les promesses d'une chaleur bénéfique, de farniente, de vacances, d'horizons nouveaux. Abordez des villages situés au bout, tout au bout des chemins ombragés de tilleuls, serpentant sur une colline ou longeant une petite rivière. Une marche, sportive ou nonchalante, à la pointe de l'aurore, alors que le silence plane encore sur la campagne, vous fera vivre les inoubliables instants qui précèdent l'arrivée du jour. Expérience simple, trop simple pour certains, mais tellement agréable.

L'automne, c'est la lumière si particulière qui joue avec les bruns, les jaunes des feuilles et des fougères et les mauves des bruyères. C'est cette odeur si particulière de bois mort humide et d'herbe mouillée. C'est aussi ce cri si prenant d'un cerf en rut… C'est la balade, équipé de bottes, d'un bâton et d'un panier en osier pour faire une mirobolante cueillette de fruits ou de baies sauvages, pour une hypothétique recherche de cèpes tête noire, de girolles orangées, d'amanites des césars, de pieds-de-moutons, de trompettes de la mort… et de châtaignes.

La froide pureté d'un hiver rigoureux et ses bleus métalliques achèvent la rotation éternelle d'une séquence mystérieuse et sensuelle qui cherche pompeusement à s'entourer de poésie.

Ce qui plaît dans la collection des Almanachs des Terroirs de France, c'est cette nostalgie positive qui se dégage des récits, des contes, des légendes, des histoires qu'on y trouve. Dans un monde en mouvement, un monde sans visage, un monde omniprésent mais impalpable, le contenu de l'almanach ramène du souvenir, de la tradition, de la vie, presque perdue, des régions françaises, si différentes et si attachantes.

Nostalgie positive, plongeant dans les fonds de l'histoire locale, du Moyen Âge aux années 60 en passant par la Belle Époque et les Trente Glorieuses…

Un pays sans légendes est un pays sans âme, sans vie, sans rêves !

Nos terroirs possèdent une âme. Elle est habitée par des contes, des récits, des légendes, des coutumes… peut-être des menteries, transmis de génération en génération, de grands-pères en petits-fils ou petites-filles.

Tous, du plus jeune au plus ancien, du natif au nouvel arrivant, trouveront certainement plaisir de lecture, et de connaissance, en flânant à leur gré dans les pages de ces almanachs.

Souvenez-vous, pour nos anciens, la chose écrite était représentée par la véritable bible des chaumières, le fameux almanach qui égaillait les longues soirées d'hiver au coin du feu. Cette collection des Terroirs de France en est la résurgence moderne.

Gérard Bardon

calendrier 2015

Mois de Janvier	Mois de Février	Mois de Mars	Mois d'Avril	Mois de Mai	Mois de Juin
1 J Jour de l'an	1 D Ella	1 D Aubin	1 M Hugues	1 V Fête du travail	1 L Justin
2 V Basile	2 L Présentation	2 L Ch. le Bon	2 J Sandrine	2 S Boris	2 M Blandine
3 S Geneviève	3 M Blaise	3 M Guénolé	3 V Richard	3 D Phil., Jacq.	3 M Kévin
4 D Odilon	4 M Véronique	4 M Casimir	4 S Isidore	4 L Sylvain	4 J Clothilde
5 L Edouard	5 J Agathe	5 J Olive	5 D Pâques	5 M Judith	5 V Igor
6 M Mélaine	6 V Gaston	6 V Colette	6 L L. de Pâques	6 M Prudence	6 S Norbert
7 M Raymond	7 S Eugénie	7 S Félicité	7 M J.-B. de la S.	7 J Gisèle	7 D Gilbert
8 J Lucien	8 D Jaqueline	8 D Jean de Dieu	8 M Julie	8 V Armistice 1945	8 L Médard
9 V Alix	9 L Apolline	9 L Françoise	9 J Gauthier	9 S Pacôme	9 M Diane
10 S Guillaume	10 M Arnaud	10 M Vivien	10 V Fulbert	10 D Solange	10 M Landry
11 D Pauline	11 M ND De Lourdes	11 M Rosine	11 S Stanislas	11 L Estelle	11 J Barnabé
12 L Tatiana	12 J Félix	12 J Justine	12 D Jules	12 M Achille	12 V Guy
13 M Yvette	13 V Béatrice	13 V Rodrique	13 L Isla	13 M Rolande	13 S Antoine de P.
14 M Nina	14 S Valentin	14 S Mathilde	14 M Maxime	14 J Ascension	14 D Élisée
15 J Rémi	15 D Claude	15 D Louise	15 M Paterne	15 V Denise	15 L Germaine
16 V Marcel	16 L Julienne	16 L Bénédicte	16 J B.-Joseph	16 S Honoré	16 M J.-F. Régis
17 S Roseline	17 M Alexis	17 M Patrice	17 V Anicet	17 D Pascal	17 M Hervé
18 D Prisca	18 M Bernadette	18 M Cyrille	18 S Parfait	18 L Éric	18 J Léonce
19 L Marius	19 J Gabin	19 J Joseph	19 D Emma	19 M Yves	19 V Romuald
20 M Sébastien	20 V Aimée	20 V Printemps	20 L Odette	20 M Bernardin	20 S Silvère
21 M Agnès	21 S Damien	21 S Clémence	21 M Anselme	21 J Constantin	21 D Été
22 J Vincent	22 D Isabelle	22 D Léa	22 M Alexandra	22 V Émile	22 L Alban
23 V Barnard	23 L Lazare	23 L Victorien	23 J Georges	23 S Didier	23 M Audrey
24 S Fr. de Sales	24 M Modeste	24 M Catherine	24 V Fidèle	24 D Pentecôte	24 M Jean-Baptiste
25 D Conv. de Paul	25 M Roméo	25 M Annonciation	25 S Marc	25 L Sophie	25 J Prosper
26 L Paule	26 J Nestor	26 J Larissa	26 D Alida	26 M Bérenger	26 V Anthelme
27 M Angèle	27 V Honorine	27 V Habib	27 L Zita	27 M Augustin	27 S Fernand
28 M Th. d'Aquin	28 S Romain	28 S Gontran	28 M Valérie	28 J Germain	28 D Irénée
29 J Gildas		29 D Gwladys	29 M Cath. de Si.	29 V Aymar	29 L Pierre, Paul
30 V Martine		30 L Amédée	30 J Robert	30 S Ferdinand	30 M Martial
31 S Marcelle		31 M Benjamin		31 D Visitation	

Mois de Juillet	Mois d'Août	Mois de Septembre	Mois d'Octobre	Mois de Novembre	Mois de Décembre
1 M Thierry	1 S Alphonse	1 M Gilles	1 J Thér. fr l'E.	1 D Toussaint	1 M Florence
2 J Martinien	2 D Julien Eym.	2 M Ingrid	2 V Léger	2 L Défunts	2 M Viviane
3 V Thomas	3 L Lydie	3 J Grégoire	3 S Gérard	3 M Hubert	3 J Fr. Xavier
4 S Florent	4 M J.-M. Vianney	4 V Rosalie	4 D F. d'Assise	4 M Charles	4 V Barbara
5 D Antoine	5 M Abel	5 S Raïssa	5 L Fleur	5 J Sylvie	5 S Gérald
6 L Mariette	6 J Transfiguration	6 D Bertrand	6 M Bruno	6 V Bertille	6 D Nicolas
7 M Raoul	7 V Gaétan	7 L Reine	7 M Serge	7 S Carine	7 L Ambroise
8 M Thibault	8 S Dominique	8 M Nativité	8 J Pélagie	8 D Geoffroy	8 M Im. Concept.
9 J Amandine	9 D Amour	9 M Alain	9 V Denis	9 L Théodore	9 M Pierre Fourier
10 V Ulrich	10 L Laurent	10 J Inès	10 S Ghislain	10 M Léon	10 J Romaric
11 S Benoît	11 M Claire	11 V Adelphe	11 D Firmin	11 M Armistice 1918	11 V Daniel
12 D Olivier	12 M Clarisse	12 S Apollinaire	12 L Wilfried	12 J Christian	12 S Jean. F. de C.
13 L Henri, Joël	13 J Hippolyte	13 D Aimé	13 M Géraud	13 V Brice	13 D Lucie
14 M Fête Nationale	14 V Evrard	14 L La Croix	14 M Juste	14 S Sidoine	14 L Odile
15 M Donald	15 S Assomption	15 M Roland	15 J Thér. d'Avila	15 D Albert	15 M Ninon
16 J N.-D. Mt-Carmel	16 D Armel	16 M Édith	16 V Edwige	16 L Marguerite	16 M Alice
17 V Charlotte	17 L Hyacinthe	17 J Renaud	17 S Baudoin	17 M Élisabeth	17 J Gaël
18 S Frédéric	18 M Hélène	18 V Nadège	18 D Luc	18 M Aude	18 V Gatien
19 D Arsène	19 M Jean-Eudes	19 S Émile	19 L René	19 J Tanguy	19 S Urbain
20 L Marina	20 J Bernard	20 D Davy	20 M Adeline	20 V Edmond	20 D Théophile
21 M Victor	21 V Christophe	21 L Matthieu	21 M Céline	21 S Prés. de Marie	21 L Hiver
22 M Marie-Madeleine	22 S Fabrice	22 M Maurice	22 J Élodie	22 D Cécile	22 M Fr. Xavière
23 J Brigitte	23 D Rose de Lima	23 M Automne	23 V Jean de C.	23 L Clément	23 M Armand
24 V Christine	24 L Barthélémy	24 J Thècle	24 S Florentin	24 M Flora	24 J Adèle
25 S Jacques	25 M Louis	25 V Hermann	25 D Crépin	25 M Catherine	25 V Noël
26 D Anne, Joaquim	26 M Natacha	26 S Côme, Damien	26 L Dimitri	26 J Delphine	26 S Etienne
27 L Nathalie	27 J Monique	27 D Vincent de P.	27 M Émeline	27 V Séverin	27 D Jean
28 M Samson	28 V Augustin	28 L Venceslas	28 M Jude	28 S Jacq. de la M.	28 L Innocents
29 M Marthe	29 S Sabine	29 M Michel	29 J Narcisse	29 D Saturnin	29 M David
30 J Juliette	30 D Fiacre	30 M Jérôme	30 V Bienvenu	30 L André	30 M Roger
31 V Ignace de L.	31 L Aristide		31 S Quentin		31 J Sylvestre

Sommaire

Rencontre* avec CLAUDE PAPI (1949-1983) de Porto-Vecchio

L'almanach ? C'est une rencontre de tous les jours entre des lecteurs et un pays, un terroir.
Pour présenter les contours et la vie de ces derniers, le choix de la personnalité est forcément délicat.
Car, à y bien réfléchir, elles et ils sont rares qui conjuguent humilité et force de caractère, qui font naître de la lumière en leurs actions sans jamais chercher à en accaparer le moindre rayon, à seules fins de vaines gloires.
Claude Papi est un footballeur cent pour cent corse qui est resté fidèle à son club, le Sporting Club de Bastia, où il a effectué avec brio toute sa carrière professionnelle, peu avant de mourir prématurément.
« Savez-vous quel est votre surnom en Corse ?
— Je ne sais si je le mérite vraiment puisqu'il manque quelques années.
— Vous êtes le footballeur corse du siècle.
— Cela récompense mon attachement au pays.
— Quand avez-vous comencé le football ?
— Très tôt comme tout gamin qui voit un ballon rond. Avec la chance cependant d'avoir assez de dispositions pour ce sport quant à envisager une carrière professionnelle.
— Qui commença quand ?
— Dès dix-neuf ans, et pour mon plus grand bonheur, sur l'île, à Bastia.
— Auriez-vous accepté de jouer sur le continent ?
— La question ne s'est pas posée. J'étais bien dans ce club.
— Que vous servîtes avec efficacité.
— J'étais très motivé par l'idée de défendre l'identité de la Corse, par le biais du sport.
— Quel poste aviez-vous ?
— J'étais milieu de terrain et donc meneur du jeu.
— C'est donc à vous que l'on doit la remontée en première division.
— À toute l'équipe que je servais du mieux que je pouvais.
— Quels sont vos meilleurs souvenirs ?
— Il y en a plusieurs, en effet. D'abord ma première finale de coupe de France, en 1972, hélas perdue, contre l'OM.
— Quant à la saison 77-78…
— Elle fut magnifique. Nous avions décroché l'année précédente, notre place en coupe d'Europe. Nous n'avions rien à perdre, ce qui nous fit aller jusqu'en finale, également perdue face au prestigieux PSV d'Eindhoven.
— Et vous concernant…
— D'avoir la chance d'aller en Argentine pour disputer la coupe du monde de 1978. Je suis le seul Bastiais qui a eu la chance de vivre une telle expérience.
— Mais la France perdit en finale.
— Une triste habitude que notre équipe de Bastia finit par abandonner en remportant enfin la coupe en 1981.
— Vous deviez être au comble de la joie.
— Pas tout-à-fait car je ne pus jouer en raison d'une blessure. À croire que c'est moi qui portais précédemment la poisse.
— Est-ce pour cela que vous arrêtâtes votre carrière ?
— Non. J'avais atteint la limite d'âge, pouvant revendiquer près de cinq cents matchs et cent trente-quatre buts.
— Et le titre de footballeur corse du siècle.
— Dont je ne vis malheureusement pas la fin en raison d'une rupture d'anévrisme. Ça la fiche mal pour un sportif.
— C'est surtout à tous les Corses que cela fit du mal.
— Je leur en suis reconnaissant.
— Ils le savent et c'est pourquoi une tribune du stade de Bastia porte désormais votre nom. Vous êtes inoubliable.
— Sans compter ces quelques mots au sein de cet almanach.
— Un autre terrain d'échanges ! »

Hervé Berteaux

* Cette rencontre est évidemment fictive et n'a pour but que de mettre à l'honneur une personnalité qui contribue à l'identité et à la renommée du pays.

Mois de Janvier

JANVIER D'EAU CHICHE, FAIT LE PAYSAN RICHE

LES jours offerts hier dans du papier cadeau se révèlent à l'usage aussi communs que d'autres. Ils mangent, boivent et font leurs besoins. Mais c'est bon signe, signe qu'ils sont de chair et d'os et bien vivants. Et qu'au besoin ils mordent. Et qu'on ne les endort pas avec un temps sirupeux. Ils poussent bien, plantés dans une bonne terre d'année, impertinents et contestataires à souhait. Assez, en tout cas pour empêcher leur mère l'Histoire de s'endormir sur ses lauriers dont ils n'ont que faire. On s'obstine à vouloir les dresser, mais ce sont eux qui nous dressent. Ils font, en fait, comme nos enfants. Il n'y a plus qu'à les suivre où ils veulent bien nous mener, quitte à leur faire la leçon à l'étape, pour la forme et quand il est déjà trop tard.

Pere Verdaguer

La plupart des hommes sont de bonne volonté, mais ils ne savent comment s'y prendre.

Montesquieu, *Pensées diverses*, 1717-1755

MOTOBÉCANE

C'est en 1949 que la marque Motobécane présente sa première « mobylette* ». Il s'agit d'un cyclomoteur.

C'est en 1949 que la marque Motobécane présente sa première « mobylette* ». Il s'agit d'un cyclomoteur. L'AV 3 est équipé d'un moteur 2 temps dans son cadre tubulaire. Il est alimenté par un carburateur, d'une cylindrée de 49,9 cm³, 1,4 ch lui permettant une vitesse de 30 km/h. Il n'y a pas de vitesse ni d'embrayage. Les transmissions se font par courroies et chaînes entre le moteur et la roue arrière. Le réservoir à essence, situé sous la selle, contient 2 litres de carburant.

L'AV 3 est élégant, de couleur grise, avec le phare avant aérodynamique intégré dans le garde-boue avant et le porte-bagages sur la roue arrière. Un carter moteur protège les jambes au niveau du pédalier. Le guidon est équipé de poignées inversées pour les freins. C'est la poignée de droite, par rotation, qui permet le démarrage et l'accélération du cyclomoteur.

L'année 1952, un cyclomoteur plus élaboré sortira des ateliers de fabrication Motobécane. Ce sera l'AV 31 équipé d'une fourche télescopique à l'avant et d'un embrayage automatique.

À partir de 1955 Motobécane fabriquera l'AV 37 équipé d'un nouveau système de changement de vitesse : « Mobymatic », dont l'avantage est de s'adapter automatiquement à la pente de la route. L'utilisateur peut donc monter les côtes sans pédaler. L'AV 37 possède un réservoir d'une contenance de 3,6 litres d'essence lui permettant une plus grande autonomie. Les garde-boue sont plus enveloppants sur chaque roue.

Ces mobylettes sont fabriquées à l'usine Motobécane de Saint-Quentin dans les Yvelines. Les AV 3 donneront naissance à plusieurs variantes : l'AV 32 ; utilitaire, l'AV 33 ; standard, l'AV 36 ; moins luxueux.

À partir de 1956 les mobylettes Motobécane seront construites sur la base d'un cadre coque et non plus d'un châssis tubulaire comme auparavant. La contenance du réservoir intégré sera de 4,5 litres de carburant. Les modèles AV 75 (luxe) et AV 78 (super-luxe) seront équipées d'une fourche télescopique à l'avant et d'une suspension coulissante à l'arrière.

En 1957 l'apparition du système « Dimoby » permet le démarrage automatique de la mobylette par rotation de la poignée de gaz au guidon. Les différences entre les nombreux modèles de la gamme sont essentiellement en terme d'équipement (absence de suspension, d'embrayage automatique notamment...). Ces modèles sont de couleur bleue avec des garde-boue très enveloppants, le carter moteur se prolongeant jusqu'au moyeu arrière, le réservoir dans le prolongement du cadre sous le guidon. Ils sont équipés d'un petit accessoire caractéristique : une boîte à outil métallique en forme de cylindre accrochée sous le siège. Elle disparaîtra ensuite car la mobylette aura une carrosserie plus enveloppante et faisant la liaison entre le tube de selle et le garde-boue arrière.

Il faut noter le modèle plus luxueux de cette série, l'AV 87, dont la particularité réside dans le système de suspension.

En 1961 Motobécane présente des versions bénéficiant d'améliorations techniques selon le modèle, dont l'AV 85 et 88 sont les plus luxueux.

L'AV 89 est le premier modèle de couleur orange. Il est équipé de l'embrayage et du changement de vitesse automatique, d'un moteur développant 2,7 ch autorisant une vitesse maximale de 70 km/h. L'assise est constituée, pour la première fois, d'une selle biplace.

Viendra ensuite l'AV 98, en 1963, qui bénéficie de nombreuses améliorations et peut transporter deux personnes sans difficultés : allumage électronique, mise en route sur place sans la béquille, garde-boue très enveloppants, fourche télescopique avant à bain d'huile, pneus plus gros, moteur caréné, pot d'échappement latéral jusqu'à l'essieu arrière, selle biplace.

Une particularité de la production Motobécane à cette époque sera la « Spéciale 50 », une mobylette dans le style sportif pour se positionner sur le marché des cyclo-sports qui touche la clientèle des jeunes. La Spéciale 50, très réussie mais à vitesses automatiques, aura cependant du mal à concurrencer les marques italiennes produisant des cyclo-sports à deux ou trois vitesses donc beaucoup plus nerveux. Elle est construite à partir de la base des mobylettes bleues, en châssis coque, mais avec un réservoir en selle, beige sur les flancs. Elle est de couleur « chaudron » comme on disait à l'époque, c'est-à-dire orange avec une selle beige deux tons. Elle est équipée d'un moteur développant 2,7 cv et d'un variateur de vitesse automatique et continu. Une version plus routière, la « Spéciale route », sortira en 1962 équipée du nouvel allumage électronique. Le dernier modèle SP 50 verra le jour en 1968 mais ne sera plus concurrentiel sur le marché. Viendront ensuite les vélomoteurs à boîte de vitesse mais ce ne sont plus des cyclomoteurs.

Les mobylettes bleues, comme on les appelait, seront sur tous les fronts et tiendront la majorité du marché pendant plus de deux décennies. Elles seront très populaires en France et on en verra aussi bien en zone rurale qu'en ville, à tel point qu'il en existe encore ici ou là en état de marche et utilisées quotidiennement.

Jany Huguet

*mobylette = contraction des mots « mobile » et « bicyclette ». Marque déposée par Motobécane.

L'ACQU'ACIDOSA

Recommandée aux femmes enceintes, aux militaires de la « coloniale » et à des convalescents sortant de maladies d'origines diverses, l'Acqu'acidosa était devenue le lieu de rencontre estival d'une clientèle huppée de curistes qui venait non seulement d'Ajaccio ou de Bastia mais jusque de Paris, de Londres et de plus loin encore. Installés dans les villages environnants, « les étrangers » — on les appelait ainsi, même s'ils venaient d'Ajaccio ou de Bastia — se réunissaient tous les matins à Stazzona en contrebas duquel, à quelques minutes de marche, se trouvait la source. Rassemblés sur la place aux environs de neuf heures, ils attendaient d'être rejoints par ceux qui logeaient dans les autres villages pour regagner à pied l'Acqu'acidosa. C'était le moment où les habitués se retrouvaient et où l'on faisait connaissance avec les nouveaux arrivants. Des files d'attelages attendaient ceux qui, au plaisir de la marche, préféraient celui d'une promenade en calèche.

Quand tout le monde était là, on prenait le chemin de la source, les messieurs en pantalons de golf et guêtres clairs, coiffés de panamas, donnaient le bras à d'élégantes évanescentes venues ici autant pour soigner leur carence en fer que pour sacrifier à la mode.

Le cortège se formait suivant les âges, les affinités, et ce bout de chemin au-dessus duquel se penchait une assemblée de châtaigniers vénérables devenait le décor d'une sorte de salon ambulatoire où l'on commentait la dernière représentation de la Tosca au théâtre de Bastia ou dissertait sur les chances de tel ou tel politicien d'être élu aux prochaines législatives.

Arrivés à la station thermale, on se regroupait autour de la source dont l'eau bouillonnait sous sa cloche de verre. Deux paysannes les y attendaient pour servir à boire. Puis verre en main, on poursuivait sous les platanes de la place, les conversations entamées sur la route.

Outre l'intérêt suscité par l'apport fructueux qu'elle constituait pour la région, l'ouverture de la saison thermale était un événement attendu pour l'animation que générait l'arrivée de ces gens si différents par leur tenue vestimentaire, leurs manières, leur langue parfois et leur mode de vie. Pour les habitants, c'était un peu comme si, le temps d'un été, leur monde changeait, comme si, baignant dans une atmosphère de vacances réservées à d'autres, tout en poursuivant leurs tâches quotidiennes, ils vivaient une sorte de dépaysement sur leur propre terre.

Quand, précédé par les calèches et quelques cavaliers, le cortège de curistes arrivait à la station, ils étaient nombreux à se grouper devant l'entrée. Un spectacle bien réglé avec ses premiers rôles et ses figurants se déroulait. On se désignait du regard telle personnalité du barreau de Bastia qui venait prendre les eaux, on commentait l'élégance de la jeune femme qui passait, montée en amazone, on se poussait du coude au passage, ersatz de la bonne société, de la rombière, à la voix haut perchée, à l'éventail ostentatoire et la coiffure extravagante, accrochée au bras du mari au nez chevauché d'un binocle. De vieux villageois suivaient les échanges de mondanités, admirant l'aisance à parler cette langue française qu'ils avaient tant de mal à maîtriser, eux qui, dans la leur, avec un potentiel de mots au moins égal, possédaient un art à manier le verbe que plus d'un de ces estivants aurait pu leur envier.

Jean-Claude Rogliano
Une danse immobile

Recette

Pigeons aux petits pois

Pour 4 personnes

4 pigeons
100 g de lardons
50 g de beurre
10 petites échalotes
1 c. à soupe de farine
400 g de petits pois écossés
Sel et Poivre

1. Faites revenir les lardons et les pigeons dans le beurre, ajoutez-y les échalotes.
2. Recouvrez d'eau, salez, poivrez et laissez mijoter une heure. Ajoutez les petits pois et cuisez encore une bonne demi-heure.
3. Ajoutez la farine, pour épaissir légèrement la sauce.

LA SOUPE AUX PIERRES

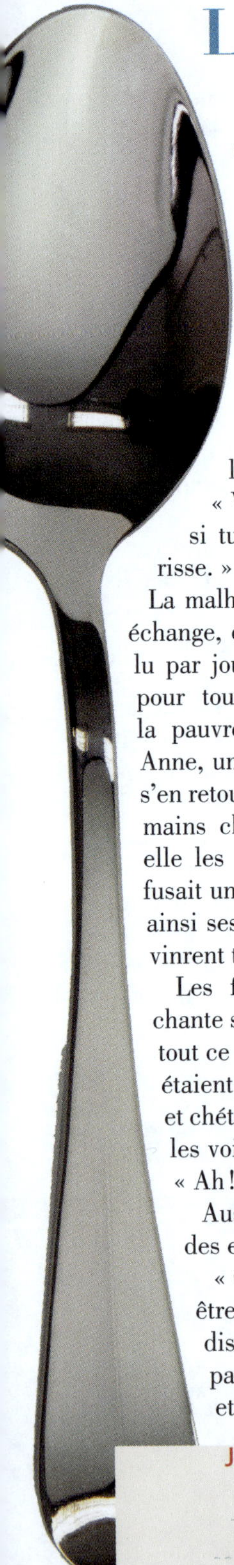

IL existait une fois deux sœurs, l'une très riche et l'autre très pauvre.

La pauvre, qui avait six enfants, dit un jour à la richc : « Donne-moi une coppula, car je n'ai plus rien à manger. »

Mais sa sœur la lui refusa en disant : « Viens faire mon pain, si tu veux que je te nourrisse. »

La malheureuse accepta et, en échange, on lui donna un paniolu par jour. Cela était bien peu pour toute une famille ; aussi la pauvre sœur, qui s'appelait Anne, une fois son ouvrage fini, s'en retournait chez elle avec ses mains chargées de pâte ; alors elle les lavait bien dans l'eau, fusait une bouillie et nourrissait ainsi ses petits enfants, qui devinrent tous frais et roses.

Les fils de Marie, la méchante sœur, quoiqu'ils eussent tout ce qu'ils pouvaient désirer étaient, au contraire, malingres et chétifs ; personne ne pouvait les voir sans s'écrier aussitôt : « Ah ! les pauvres petits ! »

Aussi, Marie était jalouse des enfants de sa sœur.

« Comment peuvent-ils être si gras et si beaux ? se disait-elle. Ils ne mangent pas grand-chose de bon et ils sont mieux portants que les miens, qui ont tout ce qu'ils désirent. »

Or, un jour, tandis que Anne faisait le pain, Marie se rendit à la maison de sa sœur afin de voir ce que mangeaient ses petits-enfants.

« Eh bien ! avez-vous déjeuné ce matin ?

— Oui, ma tante.

— Qu'est-ce qu'on vous a donné ?

— Notre mère nous a fait de la bouillie.

— Et où a-t-elle pris la farine ? Est-ce que vous en avez à la maison ?

— Non, mais notre mère arrive les mains toutes blanches, elle les lave dans de l'eau et puis met la marmite au feu. Bientôt la bouillie est faite et nous la mangeons.

— Ah ! se dit la méchante Marie, ma sœur emporte de la pâte ; je l'en empêcherai bien, à l'avenir. »

Dès ce jour, Anne fut obligée de se laver les mains avant de quitter la maison.

Il arriva que les pauvres petits, ne mangeant plus de bouillie, devinrent aussi maigres que les fils de la méchante Marie.

Celle-ci était contente de voir qu'elle avait bien réussi, et de jour en jour elle diminuait le morceau de pain qu'elle donnait à sa sœur.

Un soir, Anne n'eut plus rien à offrir à ses enfants.

Elle s'assit tristement auprès du feu et se prit à pleurer.

« Qu'as-tu, mère ? » lui demandèrent ses fils.

La pauvre femme baissa la tête et ne répondit rien.

La voyant si triste, l'aîné crut qu'elle était malade et garda le silence ; mais la faim l'emportant, il lui dit bientôt tristement : « J'ai faim, j'ai bien faim. »

Le plus jeune, que la peur de faire souffrir sa mère avait tenu à distance, se rapprocha aussi peu à peu et dit en l'embrassant : « Ma bonne mère, si tu savais comme j'ai faim ! »

Et comme elle ne répondait rien, tous les autres se mirent aussi à pleurer.

Tout à coup Anne parut se réveiller d'un pénible sommeil.

« Qu'est-ce que vous avez, mes enfants ? pourquoi pleurez-vous ?

— Nous avons faim.

— Eh bien ! nous avons de l'argent et bientôt nous ferons une bonne soupe ; toi, François, va chercher de l'eau dans la marmite ; Jean ira prendre du bois et nous allumera un grand feu.

Ne pleurez plus, je vais acheter beaucoup de viande et je reviens tout de suite. »

Et Anne sortit de la maison pour se rendre chez Marie.

« Ma sœur, ma bonne petite sœur, veux-tu me donner un peu de pain pour que j'en nourrisse mes enfants ?

— Je ne donne rien ; lorsqu'on veut du pain, on le gagne.

— Je t'en supplie ! si tu me refuses, nous mourrons tous de faim !

Jeudi 1er *Jour de l'An* — semaine 1

Vendredi 2 *Basile*

Samedi 3 *Geneviève*

Dimanche 4 *Odilon*

— Cela ne me regarde pas ; je t'ai toujours payée lorsque tu as travaillé chez moi ; je ne te dois plus rien. »

Anne s'en retourna bien triste.

« Que pourrai-je leur donner ? se disait-elle ; s'ils pouvaient seulement attendre jusqu'à demain, je me procurerais peut-être quelque chose. »

Tout à coup elle eut une idée ; elle prit trois belles pierres et les enveloppa dans du papier. Arrivée à la maison, elle parut toute joyeuse.

« François, as-tu été chercher de l'eau ?

— Oui, mère ; est-ce que tu as de la viande ?

— Parfaitement. Et toi, Jean, as-tu apporté du bois ?

— J'en ai fait un grand tas ; dis-moi, est-ce que la viande restera longtemps à cuire ?

— Non, mes chers petits, non. Allez-vous en jouer en attendant ; lorsqu'elle sera cuite je vous appellerai. » Tous les enfants s'en allèrent joyeux.

« Quel bonheur, nous devons manger ! » se disaient-ils.

Anne, en attendant, avait mis au feu la marmite et y avait placé les trois pierres. Quelque temps après, les enfants rentrèrent.

« Est-ce que la viande est cuite ?

— Non, pas encore.

— Faudra-t-il attendre longtemps ?

— Ce sera bientôt fait ; allez encore vous amuser. »

Mais les pauvres petits ne bougèrent pas, car ils n'avaient plus de force pour jouer.

Après quelque temps, l'aîné demanda de nouveau : « Mère, j'ai faim ; la viande n'est-elle point encore cuite ? Regarde bien pour voir si tu ne te trompes pas.

— Attendez encore un peu, ce sera bientôt fait ; voyez comme la marmite bout. »

Les enfants attendirent bien longtemps ; puis, comme leur mère disait toujours que la viande n'était pas cuite, ils éclatèrent tous en sanglots.

En ce moment quelqu'un frappa à la porte : pan ! pan !

« Qui est là ?

— Un pauvre malheureux qui demande l'hospitalité.

— Nous n'avons rien à vous donner, mon brave homme.

— Je ne veux que me chauffer un peu en m'asseyant dans un coin de votre zidra (foyer).

— Laisse-le entrer, dirent les enfants ; n'aurons-nous pas bientôt de la viande ? »

Anne ouvrit la porte et le mendiant alla s'asseoir près du feu. Lorsqu'il fut bien réchauffé, il demanda : « Donnez-moi un peu de pain ?

— Hélas ! je ne possède rien, pas même un peu de pain. »

Le pauvre remua tristement la tête et dit : « Anne, Anne, vous n'êtes pas charitable ; vous avez votre armoire toute pleine de pain blanc et vous ne voulez pas m'en donner un morceau.

— Je vous assure que je n'ai rien ; autrement je ne me ferais pas tant prier.

— Eh bien ! si vous n'avez pas de pain, donnez-moi un morceau de viande ?

— Je n'en ai pas.

— Et qu'est-ce qu'il y a dans cette marmite ?

— Absolument rien à manger. L'eau bout, mais elle ne cuit pas de viande. »

À cette nouvelle, les petits enfants sanglotèrent encore plus fort.

« Nous avons bien faim, bien faim », disaient-ils.

La malheureuse mère était au désespoir, car elle n'avait rien à leur donner.

« Vous êtes bien méchante, Anne, de faire souffrir ainsi vos fils.

— Hélas ! hélas ! que vont-ils devenir ? Sans doute nous mourrons tous de faim.

— Si vous n'avez ni pain, ni viande, reprit le mendiant, faites-moi seulement boire un peu de ce bon vin que vous avez dans la cave.

— Vous vous trompez de maison ; je ne possède rien, vous dis-je, absolument rien.

— Comment, vous n'avez pas tué un cochon ? Vous n'avez pas de jambons ? Vous n'avez pas de beaux fromages et une grande quantité de broccio ?

— Non, je n'ai rien de tout cela.

— Vous voulez me tromper, Anne ; je vous en prie, donnez-moi, et aussi

Suite page 12

Lundi **5** Edouard ● (semaine 2)	Mardi **6** Mélaine	Mercredi **7** Raymond
Jeudi **8** Lucien	Vendredi **9** Alix	Samedi **10** Guillaume

Dimanche **11** Pauline

Suite de la page 11

à vos enfants, un peu de pain et de viande; nous avons tous grand faim.

— Eh bien! puisque vous ne me croyez pas, regardez vous-même dans la marmite.

— Oh! combien de viande! s'écria le mendiant en ôtant le couvercle; il y en a pour deux jours. »

Et aussitôt il en retira trois grands morceaux.

Les enfants étaient bien contents.

« Est-elle enfin cuite? dirent-ils.

— Oui, elle est bien cuite, répondit le mendiant. Maintenant, il nous faut du pain et du vin. Allez-en chercher, Anne. »

La pauvre femme, tout étonnée de ce qui venait de lui arriver, courut à l'armoire, puis à la cave. Elle trouva du pain en quantité et trois grands tonneaux d'un vin excellent.

« Que me disiez-vous? dit le voyageur; je croyais que vous n'aviez absolument rien? »

Anne n'en pouvait croire ses yeux.

Tout le monde mangea et but; lorsqu'on fut vers la fin, le pauvre qui avait demandé l'hospitalité voulut encore du fromage.

L'heureuse mère en trouva plein son grenier; elle y vit aussi un beau cochon, bien salé et bien fumé, ainsi que du broccio et des saucissons.

À chaque instant c'étaient des cris de joie.

« Combien de provisions! Ah! quel bonheur! »

La pauvre femme descendit du grenier, ayant ses bras chargés de vivres.

« Pourquoi me trompiez-vous? dit le mendiant.

— C'est un miracle que le bon Dieu a fait en notre faveur; car s'il en était autrement, jamais je n'aurais refusé de vous donner à manger.

— Vous avez raison; oui, j'ai fait un miracle pour vous. Je n'ai pas voulu laisser mourir de faim vos pauvres petits enfants, que vous aimez bien, et pour lesquels vous avez fait ce que vous avez pu; seulement je punirai votre sœur Marie, qui a été insensible à vos pleurs.

— Seigneur, dit Anne toute tremblante, je vous en supplie, ne lui faites aucun mal, je lui pardonne tout.

— À cause de votre bon cœur, toutes les provisions que vous possédez en ce moment se conserveront jusqu'à la fin de vos jours; mais il faut que j'humilie l'orgueil des méchants. Écoutez-moi bien; aujourd'hui même je brûlerai toutes les moissons de votre sœur, je tuerai ses troupeaux et je réduirai sa maison en cendres. »

Quelques instants après, le Seigneur s'en alla sous la forme d'un mendiant, et bientôt on apprit tous les maux qui avaient frappé la méchante sœur. Anne en était bien désolée, mais elle n'avait rien pu contre la volonté de Dieu.

« Au secours! au secours! » criait-on de toutes parts, et les

Lundi **12** Tatiana — semaine 3

Mardi **13** Yvette

Mercredi **14** Nina

Jeudi **15** Rémi

Vendredi **16** Marcel

Samedi **17** Roseline

Dimanche **18** Prisca

cloches sonnaient tristement pour annoncer le feu dont les flammes s'élevaient jusqu'au ciel. Mais tout fut inutile, on ne put rien sauver. Tout à coup un bruit effroyable remplit les airs: la maison de Marie venait de s'écrouler; la vengeance de Dieu était accomplie. En un instant, de riche qu'elle était, Marie devint aussi pauvre que la plus misérable des mendiantes; il ne lui restait plus rien, ni bœufs, ni moutons, ni chevaux, tout avait disparu comme dans un rêve.

La méchante sœur et ses enfants furent alors réduits à la misère la plus profonde. Personne ne voulait les recevoir chez soi, car tout le monde avait eu à souffrir du grand orgueil de Marie.

Elle parcourait les routes en disant: « La charité, s'il vous plaît! »

Mais toutes les personnes lui tournaient le dos pour la punir de sa méchanceté d'autrefois.

Marie, pourtant, bien triste et bien changée, arriva un jour à la maison de sa sœur Anne.

« Veux-tu me donner un tout petit morceau de pain? Mes pauvres enfants meurent de faim.

— Sans doute, ma sœur; assieds-toi et prends tout ce dont tu auras besoin. »

Et, en même temps, la bonne Anne lui donna un pain tout entier avec de la viande et du vin.

« Mange, mange; où sont donc tes enfants?

— Hélas! ils sont morts.

— Pauvre sœur! pourquoi m'avoir menti? avais-tu donc peur que je ne te refuse un peu de pain?

— J'ai été si méchante envers toi, que je n'espérais pas te faire pitié; mais j'ai cru qu'en te parlant d'eux tu n'aurais pas eu le courage de me repousser.

— Il n'était pas besoin de cela. Hélas! que tu as dû souffrir! Reste toujours avec nous, et tu ne manqueras jamais de rien; puisque le bon Dieu m'a donné des richesses, il est bien juste aussi que tu en profites. »

Marie pleurait de bonheur; elle accepta avec empressement l'offre de sa sœur, et désormais elle aima les enfants de la bonne Anne comme s'ils avaient été les siens.

Les deux sœurs vécurent longtemps et furent heureuses jusqu'à la fin de leur vie.

Conté en 1 882 par Mademoiselle Marie Ortoli, d'Olmiccia-di-Tallano

Les Contes populaires de l'île de Corse par J.-B. Frédéric Ortoli, éditions CPE Romorantin

Le saviez-vous ?...

LE MAUVAIS ŒIL

Si quelqu'un vous dit : Comme vous êtes joli, bien portant, ou gros, sans ajouter; Que Dieu vous bénisse, on devient malade, et l'on est perdu, à moins qu'avant de dormir on ne vous fasse la
prière que voici: On prend une assiette qu'on remplit d'eau, une lampe dont l'huile à déjà brûlé. La conjureuse jette trois, six, neuf gouttes d'huile qu'elle prend dans la lumière avec le bout
du doigt et les laisse tomber dans l'assiette ; si les gouttes disparaissent dans l'eau, on est atteint du mauvais œil. Et l'on fait trois fois le signe de la croix, et après on dit mentalement : Jesu, Guiseppe e Maria, che quistu male vada via (ter) o mio caro e buon Jesu che quiestu male si ne vad e non torni piu (trois fois).
Le mal s'en va, si l'on a dormi là dessus, il faut renouveler les prières à trois reprises différentes, le matin, le soir et le midi.
Le mauvais œil peut être jeté aux animaux; pour en préserver un beau cheval on place du sel dans un coin de sa selle; il est moins facile de garantir les autres animaux.
Un brigadier des forêts de Sartène avait cinq enfants. Un jour que l'aîné était dehors avec son père, une vieille inconnue se présenta à la maison forestière où les quatre enfants étaient à table avec leur mère. On lui. donna à manger, et on remplit son panier de toutes sortes de provisions. Avant de s'en aller, la vieille alla cracher sur la tête des quatre petits en disant : Vous êtes sauvés ; on peut remercier Dieu. Puis elle disparut sans que l'on sût comment ; (Je tiens ceci de la mère).

Lundi **19** Marius — semaine 4

Mardi **20** Sébastien ●

Mercredi **21** Agnès

Jeudi **22** Vincent

Vendredi **23** Barnard

Samedi **24** François de Sales

Dimanche **25** Convention de Paul

LA CORSE
PAQUEBOTS FRAISSINET – CHEMINS DE FER DÉPARTEMENTAUX – AUTOCARS P.L.M
OFFICE DE LA CORSE 10, AVENUE FRIEDLAND, A PARIS

UNE ARME ET UN MIROIR

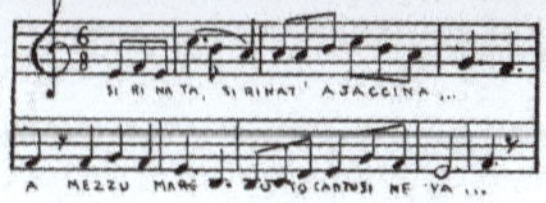

Peut-on s'étonner que le chant qui en Corse fût autrefois une fonction qui accompagnait tous les actes de la vie, de ce ***riacquistu***, devienne le ciment ?

Spoliés de notre passé, grâce à lui, nous en retrouvions le chemin, guidés par les derniers survivants d'une civilisation anéantie. Réfugiés au fond de leur nostalgie, jusque-là, ceux-là chantaient à la sauvette quelques polyphonies rescapées de l'oubli, honteux de posséder un art du chant unique au monde. Se doutaient-ils alors que les échos de leurs voix feraient s'élever d'autres voix et reprendre leurs chants, en feraient surgir d'autres et d'autres encore ! Bientôt, à ceux qui n'avaient pas d'âge se mêlaient les rimes et les paroles neuves de ceux que l'on composait. Et peu à peu, le chant retrouvait sa fonction primitive. La Tribbiera ne rythmerait plus la marche circulaire des bœufs sur la terre battue des aires à blé, et si les berceuses n'étaient plus hérissées de mots de vengeance ou de rébellion destinés à imprégner les mémoires avant même d'être compris, il s'était remis à secouer les consciences assoupies ; à trois siècles d'ici, les accents de la Palatina jetaient nos ancêtres contre les portes de la Citadelle de Bastia où se terraient Génois et notables corses ; maintenant, quand à la vérité s'opposait la censure, au droit la force, il surgissait de nouveaux chants qui, s'emparant de l'événement, ébranlaient les esprits confits dans une résignation confortable. Les places des villes et les ruelles des villages les plus reculés résonnaient de chansons qui dénoncent, mobilisent, gardent la mémoire en éveil. Et sur les tessons de la mémoire crevaient les baudruches de l'histoire travestie. Et le chant était de toutes les revendications, de toutes les quêtes et de tous les mirages. Un autrefois rutilant resplendissait, palpitait, irriguait un avenir fossilisé. Chaque mot était un repère, chaque rime une porte, chaque vers un chemin par où l'on découvrait un peuple avec son héritage de créativité, d'humour, de croyances, de révoltes, avec ses fantasmes, ses tragédies collectives, ses banalités, ses vices et ses grandeurs… Une foule d'évidences qui donnaient la mesure du mensonge qui les occultait. D'une colère, aussi. Et, porteuse de fracas bousculant les idées reçues ou de lumière éclaboussant une vérité retrouvée, quelque mèche brûlait au bout de ces chansons dont chacune devenait à la fois une arme et un miroir.

Jean-Claude Rogliano

Le saviez-vous ?...

LE DIABLE ET LE CALICE

Il y avait à Carticasi, ancienne piève de Vallerustic, un homme qui avait de fréquents entretiens avec le diable. Un jour qu'ils étaient ensemble, le diable lui dit : « Tiens, voilà un grand as d'or et un autre d'argent ; prends celui qui te conviendra ; mais ne louche pas au calice qui est au milieu ». Cet homme qui était venu au rendez-vous sur un bon cheval, prit le calice, sauta à cheval et partit à bride abattue. Le diable le rattrapa devant une chapelle de Saint-Antoine, et mit la main sur la croupe du cheval qui, à l'instant, devint immobile comme une pierre. L'homme s'écria : « Saint Antoine, délivre-moi ; je te donnerai le calice ! » Aussitôt le diable disparut. On montre encore le calice dans la chapelle.

semaine 5

Lundi **26** Paule

Mardi **27** Angèle ◐

Mercredi **28** St Thomas d'Aquin

Jeudi **29** Gildas

Vendredi **30** Martine

Samedi **31** Marcelle

JARDIN

Le bouturage pour vos plants de groseilliers ou cassissiers

Quoi de plus agréable que faire ses boutures d'arbustes à petits fruits ? Au printemps, quelle joie que de repiquer les plants que vous avez réalisés. Le bouturage est une technique assez simple. Pendant l'hiver, lors de la période de repos végétatif, prélevez, à l'aide d'un sécateur bien affûté et désinfecté avec de l'alcool à brûler, une ou plusieurs tiges d'une quinzaine de centimètres sur un ancien pied de groseillier ou de cassissier. Trempez rapidement chaque tige dans de l'hormone de bouturage (achetée en jardinerie) et repiquez les boutures dans un pot ou une jardinière. Dans votre pot ou jardinière mettez un substrat constitué d'un mélange de tourbe et de sable fin.

Attention, durant la période où les nouvelles racines se formeront, les boutures ne vivent que sur leurs réserves, vous devez donc les installer sous un abri chaud, sous nylon ou bien en serre. Arrosez de temps en temps, gardez une bonne hygrométrie.

Vos boutures sont réussies dès l'apparition de petits bourgeons, de petites feuilles et de racines. Attention, la réussite du bouturage est d'environ 30 %, alors n'hésitez pas à multiplier le nombre de bouturages.

Lorsque vos boutures sont bien prises, repiquez-les dans un autre substrat constitué de gros sable, de tourbe et de compost.

Au printemps vous pouvez mettre en place vos jeunes plants ; arrosez-les régulièrement, mettez un peu d'engrais spécial fruitiers.

BRICOLAGE

Nettoyer vos objets en argent

Prenez un récipient dans lequel vous mettez 3 cuillères à soupe de bicarbonate de soude, ajoutez-y une cuillère à soupe d'eau et mélangez jusqu'à ce que vous obteniez une pâte homogène. Étalez cette pâte sur un chiffon doux et frottez-y votre argenterie. Ensuite rincez abondamment et essuyez avec un autre chiffon doux.

SANTÉ

Remède contre la fatigue

Récupérez les zestes de 2 citrons et de 2 oranges. Faites-les macérer dans de l'alcool à 50°C. Une semaine plus tard, mixez le tout et filtrez. Incorporez ensuite 1 kg de sucre de canne et transvasez le liquide dans une bouteille fermée. Buvez un verre avant chaque repas.

BEAUTÉ

Avoir de belles mains

Avant d'aller vous coucher, commencez par faire un gommage naturel des mains en mélangeant une cuillerée à soupe d'huile d'olive avec du sucre semoule. Gommez la peau par petits mouvements circulaires. Appliquez ensuite une crème hydratante ou une huile végétale naturelle, puis enfilez des gants de coton. Gardez toute la nuit. Cela accroît l'efficacité du soin.

petit PROVERBE

« Le mensonge est la seule et facile ressource de la faiblesse. »

Stendhal

Image d'hier

Mois de Février

SI FÉVRIER NE FÉVRIÈRE PAS, TOUT MOIS DE L'AN PEU OU PROU LE FERA

SI janvier a tendance à s'enfermer dans l'hiver, apparemment définitif, l'air de février vous réveille, vous stimule, vous fouette. La vie continue et l'année itou… Février vous pousse. La froidure sait qu'elle n'est pas là pour rester, elle commence à tourner le dos au mauvais temps, à retourner sa veste. L'hiver peut le prendre mal, avoir des coups de colère, mais il a compris qu'il va perdre. Février joue au moins deux atouts : le mimosa fleur du soleil, et l'amandier, communiant en blanc. Parfois aussi l'abricotier, précurseur de la pêche. La timide violette se cache au ras de l'herbe. Elle sort en bande, comme les gosses de l'école. Le jour, qui a tant hésité, s'allonge franchement, fait son plein de lumière. Mais février est encore en hiver, qui a pour lui la loi, le calendrier, et les gens se méfient. Alors février coupe court, fait son coup d'État pour arriver en mars plus vite.

Pere Verdaguer

*Il vaut mieux rêver sa vie que la vivre,
encore que la vivre, ce soit encore la rêver.*

Marcel Proust, *Les Plaisirs et les Jours*, 1896

Quand l'ORTF lâchait les vachettes...

Les fameuses vachettes noires aux longues cornes n'étaient pas présentes lors de la première.

Ce sont Guy Lux et Pierre Brive qui ont conçu les jeux *Intervilles*, d'après l'émission *Campanile sera*, diffusée par la télévision italienne. Les équipes de deux villes doivent s'affronter autour de questions et d'épreuves sportives pendant que les animateurs comptent les points, chaque épreuve gagnée en rapportant 2. Les équipes gagnantes participent ensuite à la finale en fin d'été.

La toute première édition a lieu le 17 juillet 1962 à Saint-Amand-les-Eaux. L'équipe adverse est celle d'Armentières. Un tournage d'*Intervilles*, cela veut dire que les habitants de la ville voient arriver un car de reportage, quatre caméras, soixante techniciens. Et, en plus de toute cette armada, des supporters affluent par centaines, voire même par milliers. Pour la première fois, un jeu va être retransmis en direct et en duplex, sur la première (et unique) chaîne de télévision. La télévision n'est pas encore arrivée dans tous les foyers, d'ailleurs. Mais des écrans sont installés en plusieurs endroits dans les deux villes pour permettre aux téléspectateurs de suivre cet événement.

Cette première partie est animée par Guy Lux, Léon Zitrone, Roger Coudercq et Simone Garnier, qui, deux par deux, défendent chacun l'une des deux villes en feignant de se chamailler pour le plus grand plaisir d'un public qui se prend au jeu avec enthousiasme. Certaines phrases reviennent d'une émission à l'autre, pour devenir carrément des phrases cultes : « Guy, je ne vous entends pas ! », « En voiture Simone », « Où êtes-vous Nathalie ? ». L'équipe de Saint-Amand-les-Eaux termine gagnante. La semaine suivante, Dax et Bayonne s'affrontent à leur tour avec, cette fois, la première participation des vachettes. La victoire revient à Dax. Le public retrouve Saint-Amand-les-Eaux et Dax en finale. À chaque fois, les maires des deux villes participent aussi en faisant, chacun, l'éloge de sa cité. Piscine, tapis roulants, plans inclinés et glissants, jeux d'adresse, vachettes, tournette, questions de culture générale, se succèdent sous les déchaînements d'applaudissements des spectateurs. Les membres des équipes portent toujours des costumes très colorés, représentant de façon comique les traditions de leur terroir. Les costumes sont très souvent rembourrés, donnant aux joueurs des allures de pantins. En même temps, cela leur évite de se blesser lors des nombreuses chutes qui ponctuent le déroulement des épreuves.

Le jeu devient très populaire dès la première année. Le public affectionne particulièrement Guy Lux, qui présente le Palmarès des Chansons, Léon Zitrone, spécialiste des cérémonies officielles. C'est le rendez-vous incontournable des familles, qui reviendra régulièrement chaque année. Il est diffusé en 1962 par RTF, puis par ORTF (sur la 1ère chaîne), pour passer ensuite à FR3, TF1, France 2, pour revenir enfin sur France 3. Le déroulement du jeu reste immuable, avec quelques variantes, et un nombre incroyable de présentateurs vedettes s'y succède : après l'équipe de choc de la première saison, Claude Savarit fait partie de la troupe, puis on y voit tour à tour Denise Fabre, Philippe Risoli, Evelyne Leclercq, Patrick Roy, Jean-Pierre Foucault, Fabrice, Nathalie Simon, Olivier Chiabodo, Thierry Roland, Julien Courbet, Delphine Anaïs, Laurent Mariotte, Nagui, Juliette Arnaud, Patrice Laffont, Tex, Julien Lepers, Vanessa Dolmen, Alessandro di Sarno, Nelson Monfort, Philippe Candeloro.

Intervilles disparaît des programmes pendant quelques années, de 1992 à 1995, mais revient en force en 1995. D'autres versions voient le jour : *Interneige, Interglace, Jeux sans Frontières* (version qui met en compétition des équipes de différents pays européens), les *Jeux de Noël, Intervilles Juniors, Crazy Games à la Neige, Intercontinents, Interchallenge.*

Un générique vient renforcer la popularité de l'émission. « Shanananananana Shanananana... » fait son apparition en 1985 avec le groupe Citizen's. Il est remixé 6 fois : en 1985, 1995, 1998, 1999, 2004 et 2009. À plusieurs reprises, l'audimat fléchit dangereusement. Ainsi, en 2010, 2011 et 2012, *Intervilles* disparaît de la grille des programmes de France 3. En 2010, une version hivernale d'*Intervilles* voit le jour en Chine. En France, un nouveau jeu, *Mission Millénium*, basé sur le même schéma, se solde par un échec. En 2011, la France participe à la version internationale, sans toutefois la diffuser sur ses chaînes et en 2012, France 3 n'inclut pas dans ses programmes l'émission qui aurait dû fêter ses cinquante ans.

Élisabeth Monnot

Extrait de l'Almanach des Années 60, édition CPE Romorantin

En vente chez votre marchand de journaux et sur le site des éditions CPE www.cpe-editions.com

Février

DI L'ALTRA SPONDE DI A NOTTE

Quand'ellu si sveglia, u mazzeru torna una persona murtale cume l'altre. L'appustamentu, a fiscata di a frezza o u sparu, u stridu di l'animale chi casca so vultati in a padula di i sogni sminticati. L'opera si ferà sì i ricordi fermanu nant'à l'altra sponde di a notte. Perchè a bestia ch'ellu a tombu hè altru chè caccighjume. Secondu una di e nostre credenze più antiche l'anima di una persona hè riprisentata da una forma d'animale. Un animale chì a morte vene nanz'à a nostra. Pè quellu chi cura u so passagiu, in posta nant'à i cuntorni di u fiume, a notte hè un viaghju. Tempu ch'ellu s'affaca a volpe a levra o u cignale, u mazzeru u tomba. Quand'ellu s'avvicina, invece di u capu di l'animale, saccorge qu'ellu e u capu di un umanu ch'ellu cunnosce. E dapoi tandu,sà chì st'omu o sta donna murera. Sta morte annunziata, ùn l'hà mica vulsutu. Tumbendu u so doppiu animale, hè solu u messageru di u destinu, u solu chì cunosce a direzzione dì u locu induve ci vole a cunduce l'interru fantasimu chì, nanz'a quellu di i vivi, si para l'ombra di quellu chì hà da more. I morti interanu i morti, ma anu bisognu d'un guidu. E stu guidu, ghjè ellu, u mazzeru, chì accumpagnerà st'ombra aldilà di u fiume, è, durante u varcatoghju, l'acque di stu fiume carrieghjanu l'Inferni. U so rolu hè d'assiste quellu chì un campa più tantu, pè dà di pettu à l'ultima prova di u varcatoghju di un fiume prufondu cu'è un spechju. Ne volta sempre, spisciulendu di a sciuma di e nostre paure è di i nostri dubiti. Essendu un vivu chì volta ai vivi, u mazzeru puderebbe esse u simbulu di un passatu chì hà fattu di noi ciò chè no simu. E forse perchè a morte pare avenne a peura anch'ella, a cì rende derisoria. Hè tremendu è à tempu ci rasserena, ci aiuta à un crede micca à ù niente. Di sicuru, serà torna ellu chì, da u prufondu di a so notte, o da u nostru incunscente cullettivu, da e razzie à l'invasioni, da i macelli a l'esiliu, da i suplizi di a rota à i tribunali d'eccezzione, suprana una tragedia isulana senza fine.cum'è in a Scrittura, pare ch'ellu dica : « O morte, induve hè a tò vittoria ? » Hè forse per quessa chì cì piace à imaginallu cume guardianu di una memoria : quella ch'ùn si pò nè imprigiunà, nè travestì, nè fà more.

Traduction

DE L'AUTRE CÔTÉ DE LA NUIT

Quand il s'éveille, le mazzeru redevient simple mortel. L'affût, le sifflement de la flèche ou la détonation, le cri de l'animal qui s'effondre ont regagné le marécage des rêves qu'on oublie. Pour que tout s'accomplisse, ces souvenirs doivent demeurer sur l'autre rive de la nuit. Car la bêtete qu'il a tuée est bien autre chose qu'u gibier. Selon une de nos plus anciennes croyances, c'est sous la forme d'un animal qu'est représentée l'âme de chacun de nous. Un animal dont la mort précède la nôtre. C'est son passage qu'embusqué aux abords du torrent, guette celui pour qui, la nuit, se fait voyage. Sitôt que surgit le renard, le lièvre ou le sanglier, le mazzeru l'abat. Quand il s'en approche, à la place de la tête de l'animal, c'est celle d'un humain qu'il reconnaît. Et dès lors, il sait que cet homme ou cette femme mourra. Cette mort annoncée, il ne l'a pas voulue. En tuant son double animal, il est seulement le messager du destin, le seul qui sait vers où conduire l'enterrement fantôme qui, précédant celui des vivants, emporte l'ombre de celui qui va mourir. Les morts enterrent les morts, mais ils ont besoin d'un guide. Et ce guide c'est lui, le mazzeru, qui accompagnera cette ombre au-delà du torrent dont, le temps du passage, les eaux charrient les Enfers. Son rôle est d'assister celui qui n'appartient plus tout à fait à la vie, pour affronter l'ultime épreuve qu'est la traversée d'un fleuve profond comme un miroir. Il en revient toujours ruisselant de l'écume de nos peurs et de nos doutes. Vivant qui revient aux vivants, le mazzeru pourrait être le symbole d'un passé qui a fait de nous ce que nous sommes. Et peut-être parce que la mort elle aussi en a peur, il nous la rend dérisoire. Terrible et rassurant, il nous aide à ne pas croire au néant. C'est sans doute encore lui qui, du tréfonds de sa nuit ou de notre inconscient collectif, de razzias en invasions, de massacres en exil, de supplice de la roue en tribunaux d'exception, transcende une tragédie en rupture de dénouement. Comme dans l'Ecriture, il semble dire : « Mort, où est ta victoire ? » c'est peut-être pour ça qu'on se plaît à l'imaginer gardien d'une mémoire : celle qu'on ne peut ni emprisonner, ni déguiser, ni faire mourir.

Jean-Claude Rogliano

Février
LES STREE OU SORCIÈRES

Les Stree sont des espèces de sorcières qui sucent le sang des enfants. Ceux-ci meurent sans maladie apparente. Lorsqu'elles ne peuvent entrer dans un appartement par la porte ou par les fenêtres, elles se glissent dans le grenier ou dans les mansardes ; à travers les fentes du plancher, elles allongent leur langue qui devint mince comme un fil d'araignée, et c'est ainsi qu'elles sucent le sang du bébé endormi près de sa mère. D'autres fois elles prennent la forme d'un animal ; celle d'un chatest la plus ordinaire, la plupart du temps on ne les voit pas. Si l'on a soin de placer au chevet du lit une arme blanche, elles ne peuvent en approcher ; mais elles enchantent les armes à feu qui deviennent inoffensives à leur égard. Lorsqu'on frappe une stregha avec un instrument tranchant, il faut avoir soin de donner un nombre decoups impairs, elle est tuée ; mais si elle est frappée en nombrepair, elle ne ressent aucun mal. Cette croyance n'est pas toutefois absolue ; on assure que si une sorcière reçoit deux coups de poignard, elle crie : Un autre ! Si on ne le lui donne pas, elle meurt.

À Carticasi, arrondissement de Corte, on avait empilé le blé le soir dans l'aire pour terminer la besogne le lendemain, et un jeune homme s'était couché auprès pour le garder, avec un petit garçon d'une dizaine d'années. Vers minuit l'enfant dit à son compagnon de se réveiller, parce que des truies étaient en train de manger le blé. Le garçon donna deux coups de couteau à l'une des truies. Celle-ci cria : Un autre ! mais il ne voulut pas la frapper. Le lendemain, en rentrant au village, il apprit qu'une jeune fille, bien portante la veille au soir, était à l'agonie. Il alla-la voir, et, restée seule avec lui, elle lui fit comprendre qu'elle mourait parce qu'il ne l'avait pas frappée d'un troisième coup de couteau.

Il y a des stree qui ont sucé le sang de leurs propres enfants, jusqu'au jour où, le poignard sur la gorge, on les a menées à l'église, où le curé les exorcise et leur fait jurer de renoncer à leurs pratiques.

Pour reconnaître les sorcières, il faut mettre dans le bénitier de l'église trois poignées de gros sel de cuisine, pendant que le prêtre célèbre la messe ; elles ne peuvent bouger de place, et sont obligées de dire au curé qu'elles sont sorcières : alors celui-ci les délivre, après les avoir fait promettre de ne plus faire acte de streghe.

Le bateau et les sorcières

Il y avait une fois à Calvi un pêcheur qui tous les soirs avait soin de bien attacher son bateau, et il était surpris de voir que chaque matin il était obligé de l'aller chercher au large. Pour savoir quel

était celui qui lui jouait ce mauvais tour, il se cacha un soir dans le fond du bateau. Vers onze heures, il vit arriver treize chattes qui se mirent à faire des conjurations pour faire marcher le bateau en disant : Vaga per una, etc., va pour un, jusqu'à treize. Voyant qu'il ne bougeait pas, elles pensèrent que l'une d'elles était enceinte à son insu, elles ordonnèrent au bateau de marcher pour quatorze.

Il alla si vite qu'en peu de temps il les mena jusqu'en Égypte ; elles sautèrent à terre, et allèrent, chacune de son côté, sucer le sang des petits Égyptiens. Le pêcheur débarqua aussi, mangea des dattes et rapporta sur le bateau de magnifiques régimes de dattes. On était au samedi. Lorsque les chattes revinrent, elles recommencèrent leurs conjurations, le bateau ne bougea que lorsqu'on lui eut ordonné de marcher pour quatorze ; avant le jour, il était devant le port de Calvi. Le lendemain le pêcheur alla à l'église, mit du sel dans le bénitier, et raconta sa traversée nocturne au recteur. Quand la messe fut finie, il y avait treize des principales dames de la ville qui ne pouvaient quitter leur place ; c'étaient elles qui avaient été en Égypte sous forme de chattes, et elles durent promettre, avant d'être délivrées, de renoncer à leurs pratiques de stree.

La stregha mariée

Lorsque Cecé Lépidi était tout jeune homme, il s'amusait à jouer du violon ; un soir qu'il était assis sur la fenêtre au rez-de-chaussée de sa maison, il vit arriver plusieurs jeunes filles habillées de blanc, qui se mirent à danser au son de son instrument. La danse finie, elles allaient s'en aller, lorsque Lépidi sauta par la fenêtre et s'empara d'une des danseuses, et l'emmena dans sa maison où elle vécut avec lui, et devint enceinte, mais ne desserrait pas les dents, et ne donnait aucun signe d'intelligence. Elle eut un garçon, auquel elle ne faisait jamais aucune caresse, Le père de l'enfant en était étonné, ainsi que la famille ; ils en parlèrent au curé qui dit au jeune homme : Lorsque l'enfant sera à téter , arrachez-le du sein de sa mère, placez-le sur une table

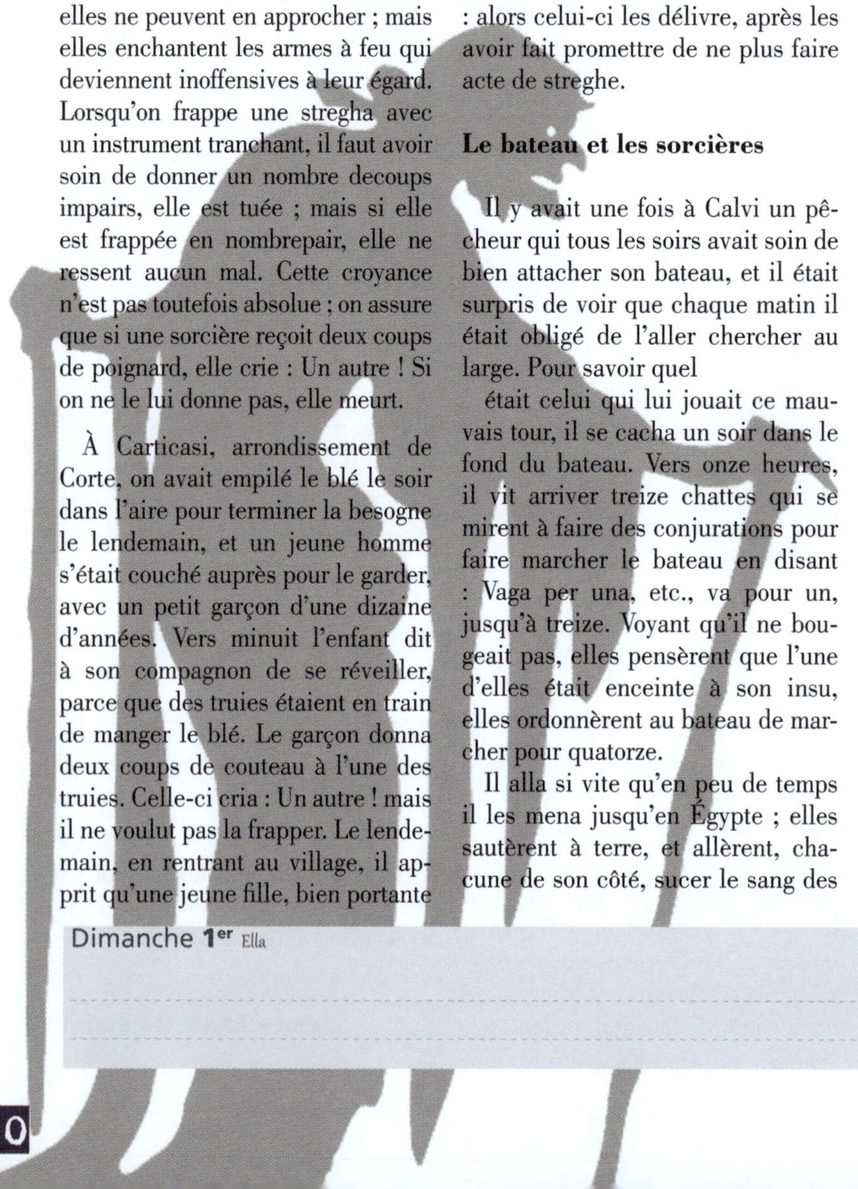

Dimanche 1er Ella

et faites mine de le tuer avec un couteau, en disant que vous ne voulez pas de l'enfant d'une muette et d'une brute.

Le père suivit les conseils du curé ; quand la mère vit son enfant menacé, elle se précipita entre Lépidi et lui, et s'écria : — Ne touche pas à cet innocent, il ne t'a rien fait. Et elle raconta qu'elle était venue en Corse avec d'autres jeunes filles de son pays pour faire le métier de stree. Le curé la délivra de sorcellerie, et l'on écrivit à Rome à sa famille, qui répondit que depuis tel jour la jeune fille avait disparu ; et il se maria avec elle, qui était très riche, et elle fit la fortune des Lépidi.

Julie Filippi

Le saviez-vous ?

LE MAUVAIS ŒIL

Si quelqu'un vous dit : Comme vous êtes joli, bien portant, ou gros, sans ajouter; Que Dieu vous bénisse, on devient malade, et l'on est perdu, à moins qu'avant de dormir on ne vous fasse la prière que voici: On prend une assiette qu'on remplit d'eau, une lampe dont l'huile à déjà brûlé. La conjureuse jette trois, six, neuf gouttes d'huile qu'elle prend dans la lumière avec le bout du doigt et les laisse tomber dans l'assiette ; si les gouttes disparaissent dans l'eau, on est atteint du mauvais œil. Et l'on fait trois fois le signe de la croix, et après on-dit mentalement : Jesu, Guiseppe e Maria, che quistu malc vada via (ter) o mio caro e buon Jesu che quiestu male si ne vad e non torni piu (trois fois).

Le mal s'en va, si l'on a dormi là dessus, il faut renouveler les prières à trois reprises différentes, le matin, le soir et le midi.

Le mauvais œil peut être jeté aux animaux; pour en préserver un beau cheval on place du sel dans un coin de sa selle; il est moins facile de garantir les autres animaux.

Un brigadier des forêts de Sartène avait cinq enfants. Un jour que l'aîné était dehors avec son père, une vieille inconnue se présenta à la maison forestière où les quatre enfants étaient à table avec leur mère. On lui. donna à manger, et on remplit son panier de toutes sortes de provisions. Avant de s'en aller, la vieille alla cracher sur la tête des quatre petits en disant : Vous êtes sauvés ; on peut remercier Dieu. Puis elle disparut sans que l'on sût comment ; (Je tiens ceci de la mère).

Expression

TIRER À QUELQU'UN UNE ÉPINE DU PIED

Tirer à quelqu'un une épine du pied, c'est le tirer d'un grand embarras. L'expression remonterait au XVIe siècle : « lever une espine ». À l'époque, elle était surtout employée à la forme pronominale dans le sens d'avoir surmonté une difficulté. L'explication est assez évidente : il s'agit de tirer quelqu'un d'un embarras comme si on lui enlevait la douleur causée par une épine dans le pied.

Lundi **2** Présentation — semaine 6

Mardi **3** Blaise

Mercredi **4** Véronique

Jeudi **5** Agathe ●

Vendredi **6** Gaston

Samedi **7** Eugénie

Dimanche **8** Jacqueline

CORSE
PROPRIANO
LE CORSAIRE

Recette

Gratin de pommes de terre

Pour 4 personnes

800 g de pommes de terre
3 oignons
30 cl d'eau
Bouillon concentré
Sel et Poivre

1. Coupez les pommes de terre en rondelles après les avoir lavées et épluchées.
2. Mélangez l'eau, le sel, le poivre et le bouillon.
3. Disposez les rondelles de pommes de terre dans un grand plat. Recouvrez avec des lamelles d'oignons et versez le mélange de bouillon. Ajoutez quelques noisettes de beurre et passez au four à 210 °C (th 7) pendant 45 minutes.

PRINCIPELLU PETIT PRINCE

Principellu, Principellu
Petit Prince, Petit Prince,
Cusì graziosu è bellu
Si gracieux et si beau
Imprestami le to mane
Prête-moi tes mains
Ch'eo ne fia trè cullane
Pour que j'en fasse trois colliers
Cum'è un anticu tesoru
Comme un trésor antique
È trè spurtelli di stelle
Et trois paniers d'étoiles
Da sparte cù le zitelle.
A partager avec les petites filles

Principellu, Principellu
Petit Prince, Petit Prince,
Cusì graziosu è bellu
Si gracieux et si beau
Imprestami le to mane
Prête-moi tes mains
Ch'eo ne fia trè funtane
Pour que j'en fasse trois fontaines
Trè funtane canterine
Trois fontaines chantantes
D'acque chjare cristalline
D'eaux limpides et cristalines
È centu mila canzone
Et cent mille chansons
Da cantalle cun babbone.
A chanter avec grand-père

Principellu, Principellu
Petit Prince, Petit Prince,
Cusì graziosu è bellu
Si gracieux et si beau
Imprestami le to mane
Prête-moi tes mains
Ch'eo ne fia trè campane
Pour que j'en fasse trois clochettes
Trè campanelle d'argentu
Trois clochettes d'argent
Per accumpagnà lu ventu
Pour accompagner le vent
È centu fiori sbucciati
Et cent fleurs écloses
Cusì dolci è prufumati
Si douces et parfumées

Jean-Paul Poletti

semaine 7

Lundi **9** Apolline

Mardi **10** Arnaud

Mercredi **11** Notre-Dame de Lourdes

Jeudi **12** Félix ◐

Vendredi **13** Béatrice

Samedi **14** Valentin

Dimanche **15** Claude

à découvrir...

Contes et légendes de Corse

L'île des légendes vivantes

En Corse, le chemin des légendes ne traverse pas seulement des contrées givrées de reflets d'épopées et de peurs merveilleuses. Aujourd'hui encore, dans des villages du bout du temps, les signadore pourchassent les esprits malfaisants et guérissent parfois les hommes et les bêtes en égrenant leurs prières magiques; à travers des forêts où les arbres sont plus que des arbres, chasseurs d'âmes et bergers des morts, les mazzeri hantent toujours les rives des torrents; les eaux troubles où, toujours aussi monstrueuse, gît la Biscia, sont peut-être aussi le marécage des peuples sans mémoire, ceux qu'on a amputé de leur surnaturel... C'est en tout cas ce qu'on est tenté de croire en cette île où, pour ne pas être orphelin de son âme, l'homme compose avec ses mirages. C'est pourquoi la frontière entre l'imaginaire et le réel y est plus incertaine qu'ailleurs : au carrefour de l'histoire et du mythe, Cardone, vieux, infirme, dérisoire, à sa manière de refuser le versement de l'impôt des deux seini au collecteur génois, déclenche une révolution; le temps d'un banquet nocturne, en travestissant les siens des tares dont les accuse l'oppresseur, Pompiliani donne à une dragonnade un dénouement inattendu. Et ainsi, tour à tour, côtoyant burlesque ou tragédie, héros authentiques et bouffons, prélats ventripotents et soudards, magiciens et malebêtes, filles lunaires ou des ténèbres enfourchent contes et légendes. Pour les hommes et les femmes de cette île, de leurs angoisses, de leurs espoirs, ils sont autant de clés, de passerelles, de miroirs ou de signaux d'alarme.

semaine 8

Lundi 16 Julienne

Mardi 17 Mardi Gras

Mercredi 18 Bernadette

Jeudi 19 Gabin

Vendredi 20 Aimée

Samedi 21 Damien

Dimanche 22 Isabelle

Mois de Mars

DE MARS LA VERDURE, MAUVAIS AUGURE

Le printemps n'arrive pas sans mal et sans balayer avec vigueur l'hiver devant sa porte. Le soleil claironne dans le ciel et lutte pied à pied contre les gelées tardives, sans craindre la rebuffade de quelque giboulée. C'est mars et il est dans son droit le plus strict. Les femmes, un moment désorientées par le froid qui descend du pôle, toujours pressées parce qu'elles savent que *vita brevis est,* se remettent hardiment à montrer un peu plus de leurs charmes. En tout bien tout honneur, elles participent au piquant renouveau de la nature et au réveil des esprits animaux. Elles vont de pair avec les fleurs, qui pointent partout. La grande machinerie se met en branle, non sans pannes et sans à-coups. L'homme fait mine de n'être qu'un badaud curieux échappant au remue-ménage. Il n'avouerait pour rien au monde qu'il est, au fond, aussi concerné que n'importe qui.

Pere Verdaguer

L'amour est une passion qui fatigue,
et l'amitié un sentiment qui repose.

Alexandre Dumas, *Aventures de quatre femmes*, 1847

PALOMA

La marque Paloma a été créée en 1954 par la société Humblot, importatrice des motos autrichiennes « Puch », fabriquant des vélos et des cyclomoteurs à Chatillon-sous-Bagneux dans le département des Hauts-de-Seine.

Les cyclomoteurs Paloma étaient équipés de moteurs Lavalette. En 1955 le catalogue de Paloma proposait une gamme de vélomoteurs et cyclomoteurs tels que les séries P500 de 49 cm^3.

À partir de 1959 Paloma construira des cyclomoteurs utilitaires, le type RA et des cyclomoteurs grand tourisme, le type La Cevennes, ce dernier étant équipé du moteur de 50 cm3 Lavalette dans un cadre poutre avec le réservoir de carburant à l'avant. À cette époque la société Paloma est installée à Saint-Ouen dans le département de la Seine.

La société Paloma construira ses modèles tourisme avec un moteur Lavalette de 49 cm3 dans un châssis monocoque embouti pour les modèles :

- Altaïr : 1,8 ch – fourche télescopique ;
- Bellatrix : 2 ch – 2 vitesses – suspension oléomécanique – frein arrière au pied ;
- Cassiopée : 2 ch – 3 vitesses – moteur Lavalette-Morini.

Dans un marché français du cyclo-sport occupé par les marques italiennes, Paloma décide de se positionner sur ce segment prometteur et de fabriquer une série de cyclo-sports qui vont asseoir sa réputation parmi la jeunesse de l'époque. Un essai s'avère concluant, mais non abouti, avec un moteur de 50 cm^3, un réservoir de selle et une selle biplace. 1958 est l'année du rachat de Paloma par son motoriste Lavalette qui lance la première ébauche du cyclo-sport de la marque :

- Monza en 1958, sur un cadre plein, rouge et peu esthétique ;
- Trophy en 1959, équipé du moteur Lavalette dont on peut dire qu'il est l'origine des séries « Strada ».

***

À partir du début des années 60 la marque Paloma s'imposera parmi la clientèle des jeunes avec des modèles dans un style très réussi, bicolores bronze et rouge, bronze et bleu, bronze rosé et rouge transparent. Ils sont équipés d'un réservoir bombé Tébaldi, d'une selle biplace Péripoli, de guidons à bracelets et d'un garde-boue avant plongeant.

Les modèles du catalogue avec le moteur Lavalette-Morini de 49,9 cm^3 sont les suivants :

- Vésuvio : 2 ch – 2 vitesses – embrayage à la poignée – frein à pied ;
- Strada : 2 ch – 3 vitesses ;
- Super-Strada : 3 ch – 3 vitesses – carburateur Dell'Orto ;
- Super-Strada-Flash : 3,75 ch – 3 vitesses – carburateur Dell'Orto à tromblon – turbine de refroidissement – suspension hydraulique.

En 1961 le célèbre coureur motocycliste Georges Monneret réalisera le raid Paris Londres avec un Super Strada Flash à l'occasion du salon Anglais de la moto pour démontrer ainsi la fiabilité et les qualités de grand-tourisme des cyclomoteurs Paloma.

La consécration viendra en 1964 avec le Paloma Spécial Johnny. C'est un modèle Splash cyclomoteur équipé du moteur de 49 cm^3 ou 50 cm^3, selon les publicités. Dans le cadre du partenariat de Paloma avec la production du film *D'où viens-tu Johnny* plusieurs cyclo-sports de la marque seront fournis pour les besoins du film. Une affiche publicitaire sera imprimée et largement diffusée avec Johnny au guidon et Sylvie assise à l'arrière en amazone. L'objectif de cette publicité est de booster les ventes de Paloma qui s'effondrent. Ce ne sera pas le cas car le Spécial Johnny est beaucoup moins élégant que ses prédécesseurs.

En 1964 la société Paloma est reprise par l'industriel Cazenave. La production est transférée à Belin en Gironde mais les modèles produits constituent plutôt un assemblage d'éléments avec des moteurs Morini que de réels nouveaux modèles. Ils ne correspondent plus à la demande et la société Paloma disparaît en 1976.

Jany Huguet

Paloma

LAVALETTE MOTEURS

Recette

Lapin au cidre

Pour 4 personnes

1 lapin
10 échalotes
2 gousses d'ail
60 g de beurre
1 cuillère à soupe de farine
1/2 litre de cidre sec
Girolles ou champignons de Paris
Bouquet garni
Sel et Poivre

1. Coupez le lapin en morceaux. Piquez chaque morceau avec une lamelle d'ail. Dans une cocotte, faites revenir dans un peu d'huile le lapin et les échalotes.
2. Séparément faites revenir les champignons et mettez-les dans la cocotte.
3. Salez, poivrez et ajoutez le bouquet garni. Recouvrez de cidre et laissez mijoter une heure et demie. Ajoutez la farine et le beurre, laissez épaissir légèrement la sauce et servez.

LE BERGER ET LE MOIS DE MARS

Il y avait jadis un berger qui possédait autant de moutons et de brebis qu'il y a de grains de sable sur le bord de la mer. Malgré cela, il avait peur d'en perdre et, pendant tout l'hiver, il était à supplier les mois de lui être favorables.

Ceux-ci entendirent la prière qui leur était faite ; les moutons et les brebis du berger furent toujours épargnés.

Mars surtout n'envoya ni pluie, ni grêle, ni aucune maladie qui pût détruire le troupeau. Or, comme on était au dernier jour de ce mois, le berger, qui ne craignait plus rien, se mit à rire et à l'insulter.

« Mars, Mars, toi qui es l'épouvante des troupeaux, je ne te crains plus ! Adieu les maladies ! Mars, Mars, le printemps arrive, tu ne peux me faire aucun mal ! »

Furieux de tant d'ingratitude, Mars alla trouver son frère Avril et lui dit :

O Apri lu me fratedu,
Impresta tre di li to di.
Par puni lu pasturedu
Li ni vodu fa pinti.

Et Avril, qui aimait son frère, les lui donna.

Aussitôt, parcourant toute la terre, Mars rassembla en un instant et vents, et maladies, et tempêtes effroyables.

Tout cela fut déchaîné en même temps sur le malheureux troupeau.

Au premier jour, les moutons et les brebis qui étaient un peu malades moururent ; au deuxième ce fut le tour des agneaux, et au troisième, enfin, tout périt.

Conté en 1882 par A. Joseph Ortoli [Oimiccia].

Les Contes populaires de l'île de Corse par J.-B. Frédéric Ortoli, éditions CPE Romorantin

Dimanche 1er *Aubin*

NAPOLÉON ET ANTONMARCHI… DE SAINTE-HÉLÈNE À CUBA

L'ombre tutélaire de l'Empereur plane encore sur Cuba. La preuve en est qu'un musée le célèbre, tout comme l'ont admiré, avec ferveur, les hommes politiques cubains de tous bords, du 19ème, du 20ème siècle, et jusqu'à aujourd'hui.

Cocktails de rhum, de romantisme et de rêves de gloire, navigant entre mythe et légende, il semble tout naturel que Cuba se soit approprié la figure de Napoléon comme un repère sur la carte de l'histoire.

D'une certaine manière, il en est de même du médecin qui l'a accompagné à la fin de sa vie… « Je ne cherche à blâmer personne ; mais j'ai recueilli les derniers soupirs de Napoléon, j'ai assisté à sa longue agonie, je dois compte à la société de ce que j'ai vu ». Derniers momens de Napoléon (orthographe respectée).

François Antonmarchi, tel était son nom, est un personnage qui appartient à la saga napoléonienne et dont la trajectoire s'est brutalement achevée à Cuba.

Destin étonnant que celui du docteur François Antonmarchi, né en 1789, à Morsiglia – un village du Cap corse – dans une famille modeste, et qui va devenir un anatomiste et un chirurgien célèbre en son temps.

L'histoire se souvient de lui parce qu'il a été le dernier médecin français de Napoléon à Sainte-Hélène, celui qui a soigné et qui a veillé l'Empereur déchu. Napoléon supportera mal cet enfer de pluie, de crachin et de vent. On dit aussi que Sainte-Hélène aura été le meilleur des geôliers, au point de dissuader le prisonnier le plus inventif de s'évader.

Le confrère d'Antonmarchi, le chirurgien irlandais, Barry O'Meara, un témoin attentif, qui a vécu dans l'entourage de l'Empereur, à Longwood House, raconte : « Son corps ne fut point embaumé, on mit son cœur dans une coupe d'argent remplie de l'esprit du vin. On fit de même pour l'estomac, convoité, en vain, à des fins scientifiques, par le docteur Antonmarchi. »

Avec le recul, on comprend la demande du médecin corse. Son attitude préfigure la thèse, cent fois avancée, de l'empoisonnement.

Le personnage d'Antonmarchi est complexe, ses réactions inattendues, son comportement, souvent étrange, ce qui explique son itinéraire en dents de scie. Il est, d'abord, un militant de la cause révolutionnaire, dans le Paris de la restauration, puis, dans la Toscane du Risorgimento. Il est à Bruxelles, au moment où se décide l'indépendance de la Belgique, présent aussi à Varsovie quand éclate, en 1830, l'insurrection. Après quoi, il quitte l'Europe, s'installe à la Nouvelle-Orléans et, finalement, coupé du monde occidental, l'insulaire choisit de retrouver une partie de sa famille à Cuba.

On dirait que cet homme court après l'histoire… Une chose est sûre, il veut être là, partout, où il se passe quelque chose.

Ce médecin, très contesté jusque dans sa pratique médicale, a intrigué, a inquiété tous ceux qui l'ont côtoyé. Il est le créateur de planches anatomiques, d'une qualité exceptionnelle, qui sont le joyau de la Bibliothèque de Bastia. Mais, surtout, il a publié, en 1825, des mémoires qui ont rendu sceptiques ses confrères. Bon nombre d'entre eux le soupçonnaient de vouloir exploiter le succès du Mémorial de Sainte-Hélène et le jugeaient « léger, bavard, vaniteux et assez ignorant ». En revanche, son confrère, le docteur Poulet, juge ses titres de médecin et de prosecteur (qui prépare les dissections pour un cours d'anatomie) tout à fait authentiques et le réhabilite en quelques mots : « Sa valeur scientifique est certaine ; s'il n'a pu guérir son malade, c'est que celui-ci était inguérissable à l'époque ».

semaine 10

Lundi 2 Charles le Bon

Mardi 3 Guénolé

Mercredi 4 Casimir

Jeudi 5 Olive ●

Vendredi 6 Colette

Samedi 7 Félicité

Dimanche 8 Jean de Dieu

On l'aura compris, au-delà même de sa compétence médicale, l'homme pose problème, et spécialement à propos du fameux masque mortuaire de Napoléon. Jusqu'à Anatole France qui, dans « Le lys rouge » affiche sa défiance devant les traits émaciés et le menton effacé du prisonnier de Sainte-Hélène, au point que la paternité de l'œuvre aurait été attribuée à un autre chirurgien militaire, l'Anglais Burton.

La remarque d'Anatole France ne tient pas compte de la chaleur moite qui imprégnait l'île, en cette fin d'automne subtropicale. Le climat insupportable pourrait bien avoir altéré le visage de Napoléon.

Ensuite, et pour alimenter le feuilleton du célèbre masque, le docteur Burton, à partir de gypse chauffé dans un four aurait obtenu un plâtre médiocre qui lui aurait permis d'effectuer un moulage assez ordinaire.

Tout laisse croire qu'Antonmarchi aurait refusé de participer à cette opération avec son confrère anglais qui, depuis Sainte-Hélène, calculait ses chances de monnayer, dès son retour à Londres, ce masque à peu près ressemblant.

Napoléon meurt le 5 mai 1821. Il ne sera enterré que quatre jours plus tard. Le 6 mai, le maréchal Bertrand signale l'impossibilité de « faire le plâtre de la figure de l'Empereur ». Tout simplement parce que l'entourage de Napoléon ne possède ni le plâtre, ni le matériel nécessaire.

Il semblerait que la garde rapprochée de Napoléon ne parvenait pas à se mettre d'accord sur le masque à réaliser. Fallait-il obtenir un moulage authentique et scrupuleusement fidèle ? Ou bien, s'agissait-il de mouler une empreinte approximative du visage et faire remodeler, ensuite, par le sculpteur Canova, une image allégorique de l'illustre personnage ? Ces hésitations sont d'autant plus étonnantes que le maréchal Bertrand avait consigné le texte suivant : « En nous conformant aux intentions de l'Empereur Napoléon, le général Montholon et moi avons chargé monsieur Antonmarchi, son médecin ordinaire, de prendre un modèle en plâtre de sa tête pour sa famille ».

Cette figure, si convoitée, sera, plusieurs fois, reproduite par les dessinateurs les plus talentueux qui se mettent, immédiatement, à l'œuvre et s'improvisent portraitistes.

Dans l'après-midi du 6 mai, une autopsie était pratiquée par le docteur Antonmarchi, dans la salle de billard, en présence de six autres Français et d'une dizaine d'Anglais. Il faut savoir qu'à Longwood, tout le monde soupçonnait tout le monde.

L'authenticité du masque a, longtemps, fait débat, de même qu'a été contesté le personnage ambigu qu'était Antonmarchi. On dit même qu'il aurait été accueilli avec méfiance par Napoléon : « Antonmarchi est un professeur, mais cela n'est pas la pratique. Il peut être un excellent professeur d'anatomie, comme Cuvier l'est d'histoire naturelle et Berthollet de chimie, et être un fort mauvais mé-

Suite page 34

Lundi **9** Françoise — semaine 11

Mardi **10** Vivien

Mercredi **11** Rosine

Jeudi **12** Justine

Vendredi **13** Rodrique ◐

Samedi **14** Mathilde

Dimanche **15** Louise

VISITEZ
LA CORSE

CROYANCES ET SUPERSTITIONS DIVERSES

Les Ongles. — Si on coupait les ongles à un enfant avant qu'il ait accompli sa première année, il deviendra voleur.

Quand un petit signe noir apparaît sur les ongles, si c'est dans la maison qu'on s'en aperçoit, quelqu'un de la famille mourra ; si c'est sur l'escalier, c'est un proche parent ; si c'est à l'extérieur, c'est un parent éloigné ou un ami que l'on aime bien.

Les signes blancs présagent des cadeaux ou un héritage.

Les Poules et les Œufs. — On conserve précieusement les œufs pondus le jour de l'Ascension ; lorsqu'il s'élève une grande tempête ou qu'il y a un fort orage, on les place sur la croisée et

l'orage cesse bientôt : si on les jette dans la rivière il s'apaise instantanément. Ces œufs ne pourrissent jamais ; on pourrait les conserver cent ans.

On a coutume de porter les œufs qui présentent des signes anormaux, tels que des ronds, des lignes ou des taches chez certaines femmes qui savent les interpréter, et qui, d'après leur inspection prédisent ce qui doit arriver. Au commencement de 1848 on porta un de ces œufs chez la vieille Lucietta qui, après l'avoir regardé, prédit que dans trois jours la France serait en République. Cela fit quelque bruit, et l'on arrêta la Lucietta qui fut mise en prison dans les sous-sols du collège Paoli. Quand arriva la nouvelle que la République avait été en effet proclamée, on s'empressa de la remettre en liberté.

Lorsqu'une poule chante comme un coq on la tue et on la pèse ;

sans cela il meurt un membre de la famille.

Jours. — Si le jour de l'an la première personne que l'on aperçoit est un curé, il y aura une mort dans la maison. (Voir Morts, pronostics). Ce qu'on entreprend le vendredi réussit toujours mal.

Glace. — Si on casse une glace, on est certain d'avoir pendant sept ans toutes sortes de malheurs.

Repas. — Quand on ne peut avaler sa nourriture comme d'habitude, c'est le présage d'un grand malheur pour la famille.

Doigts repliés. — Un vieillard de 85 ans et son petit-fils âgé de treize ans avaient été assassinés dans la montagne. Le gamin, après sa mort, ferme l'annulaire et le petit doigt, laissant les autres

ouverts pour montrer que les assassins étaient au nombre de trois ; on arrêta trois individus qu'on avait vu rôder de ce côté, mais ils furent acquittés faute de preuves.

Julie Filippi

Le saviez-vous ? ....

RENARD (Volpe)

« Hè maliziosu cum'è a volpe. » (Il est malin comme le renard.)On dit aussi, plus simplement : « Hè una volpe ! » (C'est un renard !) L'idée est peu originale. Elle existe en français : « Rusé comme un renard. » ; en anglais : « As sly as a fox. » (Aussi malin qu'un renard.) ; en italien : « E un volpone ! » (C'est un vieux renard). Dans l'île, l'idée est souvent appliquée à la politique, et pas seulement en langue corse. Ainsi, un vieux chef de clan aujourd'hui décédé était-il respectueusement baptisé « Le renard argenté » et un jeune responsable nationaliste « Fox », en raison de la malice qu'on lui prête.

Jean-Guy Talamoni,
Dictionnaire commenté des expressions corses,
Prix du Livre Corse 2005,
DCL éditions

semaine 12

Lundi **16** Bénédicte

Mardi **17** Patrice

Mercredi **18** Cyrille

Jeudi **19** Joseph

Vendredi **20** PRINTEMPS

Samedi **21** Clémence

Dimanche **22** Léa

Suite de la page 31

decin. » Napoléon était imprévisible, parfois, brutal, et souvent, étonnamment attentif envers son entourage : « Avvicinatevi Capocorsinaccio ! » (Approchez-vous sacré Capcorsin !). C'est dans la pénombre d'une petite chambre, et depuis son lit, que Napoléon adresse la parole, pour la première fois, en ces termes et dans la langue qu'il devait désormais utiliser pour parler à son nouveau médecin… « Approchez-vous, car sur ce triste rocher, je suis devenu tout à fait sourd ». Après quoi, le praticien devait subir un flot ininterrompu de questions. Napoléon lui dit « le questionnaire que le Grand Maréchal Bertrand vous a fait subir a dû vous surprendre et vous affecter ? N'y pensez plus. Vous serez mon chirurgien et je vous servirai de père. »

Quelques heures plus tard, Antonmarchi était rappelé par son illustre patient dans un salon qu'éclairait la faible lueur d'une bougie. S'avançant à sa rencontre, il eut la surprise de le voir rire en l'attrapant par les deux oreilles : « Vous pensiez, peut-être, que j'avais perdu toutes mes forces sous cet affreux climat ? »

Et pendant plus d'une heure, Antonmarchi devait subir, sous la forme d'une conversation, un examen rigoureux sur la physiologie, l'anatomie, la reproduction ; et il fut surpris de la justesse, de la précision et de l'étendue du savoir de son interlocuteur, tandis que Bertrand assistait à ce dialogue sans se manifester.

On l'a vu, Antonmarchi traînait derrière lui une mauvaise réputation, certains affirment qu'il manquait de cœur et surtout – l'adjectif revient souvent – de compétence. À son sujet, les jugements sont abrupts, souvent, définitifs. On peut lire, en ouverture de la revue historique de la Révolution française : « Antonmarchi était-il médecin ? » Poser ainsi la question, c'est forcément y répondre par la négative.

Grand témoin des derniers moments de la vie de l'Empereur exilé, on a fait du médecin corse une figure mythique, un homme incontournable dans la saga napoléonienne.

Si l'on devait comparer les deux hommes : d'un côté, on se heurte au culte inébranlable de Napoléon (culte béat ou haineux), et de l'autre, à l'expression de la détestation d'un homme qui fut, pourtant, en son temps, un grand anatomiste.

Dans un mouvement d'humeur, à l'heure où il rédigea son testament, Napoléon avait dicté ces quelques mots : « Je lègue vingt francs au docteur Antonmarchi pour qu'il achète une corde pour se pendre. »

Rejeté en Europe, le dernier médecin de l'Empereur va s'exiler.

Accueilli par son cousin germain, à Cuba, il tente de soigner la fièvre jaune, qui faisait alors des ravages terrifiants dans l'île, et finit par mourir, en 1838, du mal qu'il voulait éradiquer. Il avait 42 ans. Il est enterré au cimetière Sainte-Iphigénie de Santiago de Cuba.

Malgré les critiques, le personnage ne manquait pas de talent. On dit qu'il s'était acquis la confiance du peuple cubain en peu de temps.

Le jour de sa mort, le Consul Raimondy avait adressé à son ministre des Affaires Etrangères la dépêche suivante : « J'ai l'honneur d'informer Votre Excellence que les habitants de Santiago viennent de faire une perte à laquelle la ville toute entière a été on ne peut plus sensible. L'historique docteur François Antonmarchi, ancien médecin de Napoléon, a succombé, ce matin, à la fièvre jaune… Ce célèbre docteur se trouvait dans cette ville depuis près de quatre mois où il avait fait des cures merveilleuses, et notamment rendu la vue à un grand nombre de personnes atteintes de cataracte. »

Imitant l'étiquette espagnole, qui considérait le médecin d'une tête couronnée avec les mêmes égards qu'un général tombé au champ d'honneur, le gouvernement cubain décréta une journée de deuil, à La Havane, les régiments de la garnison lui rendirent les honneurs et une foule nombreuse suivit le cortège

L'article publié, quelques jours plus tard, dans le journal « El redactor » résume assez bien, malgré l'emphase, les sentiments de ses contemporains : « Rompons enfin le silence, écartons le voile lugubre qui pèse sur les amis de l'humanité et de la science ; l'insatiable et cruelle mort nous a enlevé l'homme qui ne s'est fait connaître que par ses vertus, son amour pour ses semblables, son désintéressement et l'oubli de lui-même. »

… Et puis, lentement, le temps effaça le nom de François Antonmarchi.

Lundi **23** Victorien (semaine 13)	Mardi **24** Catherine	Mercredi **25** Annonciation
Jeudi **26** Larissa	Vendredi **27** Habib ◑	Samedi **28** Gontran
Dimanche **29** Gwladys		

En revanche, on ne le dira jamais assez, à Cuba, et depuis des décennies, l'Empereur est salué avec respect et dévotion, l'autre Corse est enterré dans un mausolée construit tout exprès pour saluer « l'historique médecin de Napoléon ». Par parenthèse, le tombeau a été bâti sur ordre de Napoléon III.

A dire vrai, au-delà de l'admiration, c'est de vénération dont il faudrait parler quand il s'agit de l'Empereur. Les poètes, les écrivains, les philosophes – adorateurs ou détracteurs – n'ont pas cessé d'alimenter le mythe. Il est vrai que, déjà de son vivant, Napoléon était devenu l'organisateur de sa propre mythologie.

A ce sujet, l'Allemand, Hegel, aura cette formule définitive : « Avec Napoléon finit l'histoire et commence l'ère de la politique. »

Chateaubriand a dit de lui : « Bonaparte était un poète en action, un génie immense dans la guerre, un esprit infatigable, habile et sensé dans l'administration, un législateur laborieux et raisonnable. C'est pourquoi il a tant de prise sur l'imagination des peuples et tant d'autorité sur le jugement des hommes positifs. Mais comme politique ce sera toujours un homme défectueux aux yeux des hommes d'État ». Ces deux jugements sont-ils contradictoires ?

Cet homme, on le sait, a suscité la plus abondante littérature. Il a peuplé, il a colonisé l'esprit de millions d'hommes. Sa force de caractère, sa vision planétaire, son autoritarisme ont alimenté le discours des historiens. C'est encore Chateaubriand qui parle de l'Empereur, à la fin de sa vie, avec ce lyrisme qui lui est coutumier. Alors qu'une violente tempête se déchaîne au dehors, Napoléon devait « rendre à Dieu le plus puissant souffle de vie qui jamais anima l'argile humaine. »

Il est vrai que si l'on n'y regarde de plus près on découvre la cartographie d'une existence vécue à un rythme époustouflant, où l'ambition, le goût du pouvoir, un tissu serré d'intrigues, des passions contradictoires, une palette de sentiments génèrent des formules, des musiques, des peintures qui reflètent l'existence d'un homme hors du commun.

On le sait, l'Empereur démiurge a suscité, partout dans le monde, des passions diverses. C'est ainsi, qu'à Cuba, au début du vingtième siècle, Julio Lobo, un roi de la canne à sucre, vouait une admiration sans limite à « son Empereur ».

Par un de ces hasards dont l'histoire a le secret, François Antonmarchi et Napoléon sont, à nouveau, réunis, mais, cette fois, à Cuba. Cuba qui, depuis cinq siècles, cultive la canne à sucre, cet « or blanc » qui a fait d'elle un pays, jadis, opulent. Et c'est là qu'intervient un passionné qui dépensera sans compter pour s'approprier tout ce qu'avait possédé l'Empereur.

Julio Lobo était un homme d'autorité, un saccharocrate pur sucre qui n'avait qu'un idéal dans l'existence : Napoléon. Guidé par sa passion, il accumulera des toiles, des pièces de la Manufacture de Sèvres, une profusion de meubles, de gravures, d'objets personnels de la famille Bonaparte, le sabre turc de Murat, les meubles de Jérôme Bonaparte, Roi de Westphalie, un lustre offert par le Petit Caporal à Joséphine, au retour de la première campagne d'Italie, une boîte à peinture de l'Impératrice Marie-Louise, des pistolets de l'Empereur, le bicorne qu'il portait et la lunette qu'il utilisait à Sainte-Hélène, mais aussi 5 000 volumes sur le Consulat qui composent le fond de la bibliothèque du Musée Napoleonico. Aux cimaises du musée sont exposés des tableaux de François Gérard, le portraitiste adulé de la famille impériale, qui a peint Caroline Bonaparte et Hortense de Beauharnais. Quant au peintre, Jean-Baptiste Regnault, il a donné un Bonaparte au camp de Boulogne qui avait pour projet d'envahir l'Angleterre.

Pour illustrer le parcours de Napoléon, nous suivrons le tracé muséographique de La Havane qui se calque sur les événements marquants de sa carrière politique et militaire. Son existence, faite de bruits et de fureurs, ressemble à un galop d'enfer entre victoire, tumultes, conquêtes, révolution, couronnement et défaite.

Pour abriter les collections de ce boulimique de Lobo, on aménagea un palais d'inspiration florentine, dans un environnement hispanique. « Le palais florentin » deviendra le Musée napoléonien de La Havane.

À l'heure où Cuba change de visage, à l'heure où le régime s'assouplit, l'ombre de Napoléon continue de planer sur cette île des Caraïbes qui, comme la Corse a connu depuis toujours le bruit et la fureur de politiques contrariées.

Jérôme Camilly

Lundi **30** Amédée

semaine 14

Mardi **31** Benjamin

à faire

JARDIN

La taille des rosiers, c'est simple !

Tailler un rosier paraît toujours fastidieux, mais cela est plus accessible qu'il n'y paraît. Voici quelques conseils pour tailler vos rosiers buisson, rosiers tige et rosiers grimpants.

Vous taillerez vos rosiers en février ou mars selon votre région ; attendez la fin des fortes gelées. Pour les rosiers non remontants préférez une taille juste après la floraison, fin août début septembre.

Pour les rosiers tige et buissons, conservez quelques branches principales : entre 3 et 7 branches. La taille doit réduire les pousses dites ligneuses et favoriser les jeunes pousses. Coupez donc à 3 ou 5 yeux, soit environ entre 15 et 20 cm du porte-greffe. Dégagez au maximum le centre du rosier, pour permettre à la lumière et à l'air de passer, pour éviter les maladies et favoriser une belle floraison.

Pour les rosiers grimpants remontants (qui fleurissent plusieurs fois l'année), palissez-contre un mur. Vous conservez sans les tailler 5 à 6 rameaux, les plus beaux ; ils constitueront les branches charpentières que vous pourrez attacher contre le mur. Rabattez les pousses latérales à 5 ou 6 yeux, soit entre 30 et 40 cm.

Pour les rosiers grimpants non-remontants, conservez 6 à 7 branches anciennes mais rabattez à 2 yeux toutes les branches latérales ; de cette façon vous favoriserez la mise à fleurs.

Petits conseils pratiques : tenez le sécateur de façon à ce que la lame se trouve du côté bois restant, la contre-lame écrasant le rameau qui tombe, pour une coupe nette, et donc une meilleure cicatrisation.

BRICOLAGE

Un antimite naturel

Dans vos armoires ou commodes, une façon naturelle pour protéger vos vêtements et linge de maison contre les mites, consiste à remplacer les petites boules blanches dont l'odeur n'est pas très agréable par une branche de thym, c'est aussi efficace.

SANTÉ

Une astuce pour éliminer les graisses

Nos grands-mères utilisaient le vinaigre de cidre quotidiennement pour guérir toutes sortes de maux. Boire du vinaigre de cidre avant chaque repas permettrait de maigrir. Pour cela prenez deux cuillerées à soupe de vinaigre de cidre chaque jour, diluées ou pure dans de l'eau. Cela facilite la digestion, régule le transit intestinal et aide à combattre les acides gras.

BEAUTÉ

Détoxifier son corps

Avant le printemps il est bon de faire une petite cure pour détoxifier son corps. Pour cela, buvez chaque matin un grand verre d'eau additionné de jus de citron avant de vous lever.

petit PROVERBE

« Le moment présent a un avantage sur tous les autres : il nous appartient. »

Charles Caleb Colton

Image d'hier

mois d'Avril

AVRIL VENTEUX REND LE LABOUREUR JOYEUX

LE matin d'avril a tout son temps devant lui, comme le lièvre de la fable qui fait la course à la tortue. Il lambine. Il est en vacances ; il est cigale et pas fourmi. Il est l'enfance du jour, l'insouciante jeunesse. Il est au jour ce que le mimosa est au printemps. Il est la fleur, tout parfum, tout couleur, n'a pas à penser aux fruits. Il laisse pour plus tard les choses sérieuses. C'est la douche de lumière qui emporte la fatigue et les terreurs de la nuit. C'est la rosée et non pas la pluie. Ce n'est pas la rose mais son bouton. Le matin gravit les heures en souplesse et sans hâte, en promenade, longtemps, jusqu'à midi. Quand le soleil est au zénith seulement on commence à faire des calculs, à penser à l'après-midi, à penser au soir, à penser au crépuscule, comme lorsqu'on est au mitan de la vie. Le matin c'est le moment où le temps ne compte pas, le moment où le jour est immortel.

Pere VERDAGUER

L'hypocrite sourit,
l'énergumène aboie.

Voltaire, *Le Russe à Paris*, 1760

Quand le France était la France

1956. Soucieuse de rester dans la course transatlantique, la Compagnie générale commande un paquebot dont les dimensions, la technologie, la puissance et l'élégance vont faire date. Le bien nommé *France* est construit dans les chantiers de Saint-Nazaire d'où est sorti le *Normandie* son glorieux prédécesseur détruit à New York dans un incendie. Les travaux qui mobilisent 8000 ouvriers, commencent en octobre 1957 avec la pose des premiers éléments de la quille. Le 11 mai 1960 le navire amiral des ambitions françaises est lancé en grande pompe au Havre par le général de Gaulle. C'est son épouse « Tante Yvonne » qui le baptise selon la tradition en libérant une bouteille de champagne qui se brise sur l'immense coque. 100 000 personnes se pressent sur les quais. Dans son discours le président salue l'une des grandes réussites françaises. Long de 315,66m, large de 33,60m le *France* se déplace à la vitesse de 30 nœuds soit 55,5km/h. Après quelques travaux de finition il est prêt pour le service. L'inauguration a lieu le 11 janvier 1962 en présence du premier ministre Michel Debré et de Mme de Gaulle, marraine du paquebot. Construit pour assurer la ligne Le Havre Southampton New-York, le *France* s'offre en guise de rodage une petite virée aux... Canaries. Les quelque 1 900 heureux privilégiés savourent leur chance et leur bonheur devant une foule innombrable venue saluer le nouveau géant des mers. Parmi les passagers de marque, l'incontournable Yvonne de Gaulle, le chanteur Tino Rossi et les époux Rotschild. Certains ont réservé leur place dès 1956 année de la commande du navire. De fait, il faudra plusieurs voyages pour satisfaire les milliers de demandes. On connaît la fin de l'histoire. Dépassé par le transport aérien, le *France* est racheté en 1974 par un armateur norvégien. Après avoir changé une nouvelle fois de nom et de pavillon, il achève tristement sa carrière dans un chantier indien. Démantelé, ses plus belles pièces seront vendues aux enchères.

Yves Bielinski

Extrait de l'Almanach des Années 60, éditions CPE Romorantin
En vente chez votre marchand de journaux et sur le site des éditions CPE www.cpe-editions.com

Lancement du Paquebot FRANCE aux Chantiers de l'Atlantique 11 mai 1960

Le France à HongKong en 1974 pour son dernier tour du monde.

Avril
LE FULLETTU

Le fullettu est un petit homme qui a une main en fer ou en plomb, et l'autre en étoupe ; il s'attaque surtout aux gens qui sont couchés ; il les met tout nus en hiver, et frappe sur leurs fesses avec sa main de plomb. Quelquefois il jette de l'eau dans le lit pour forcer à se lever. Lorsqu'il a joué ces tours, il se met à éclater de rire et à battre des mains ; mais on ne le voit pas.

Une bergère qui revenait de l'étable portant sur la tête sa planche chargée de fromage et de broccio, sentait le poids s'augmenter de plus en plus, tellement qu'elle ne pouvait la porter. Elle finit par la jeter par terre en s'écriant. « On dirait que le diable est dedans ! » Ce n'était pas le diable, mais le follet qui se montra et se mit à gambader en frappant dans ses mains.

Parfois il se présente, et prend la voix plaintive d'un enfant, pour se faire porter sur les bras. Un soir dans un moulin près de Tralonca, dans la montagne, le meunier était occupé à moudre le blé, lorsqu'il entendit les pleurs d'un enfant. Il sortit et lui cria de venir. La voix répondit : « J'ai froid et je ne puis marcher. » Le meunier alla le chercher et le déposa près du feu en lui disant d'approcher ses pieds des tisons. Mais il se garda bien de le faire, car il aurait montré ses pieds de lutin qui sont fourchus. Le meunier retourne à son travail, l'enfant disparut. Peu après le moulin s'arrêta, parcequ'il n'avait plus d'eau; il sortit, et vit l'enfant qui battait des mains en riant, et qui lui disait : « Tu ne moudras pas cette nuit, tu peux aller te coucher ».

Si le follet revient souvent dans une maison faire ces farces, on prend un sac de blé et un sac d'avoine, d'orge ou de riz, et on les mélange ensemble par terre. Lorsqu'il arrive, on lui dit : « Tu vas me trier cela, et mettre le blé dans le sac ! »

Il est obligé de le faire, mais à partir de ce moment on ne le voit plus.

Julie Filippi

Recette

Œufs pochés au vin

Pour 4 personnes

8 œufs
50 cl de vin rouge
50 cl de bouillon de volaille
8 fines tranches de pain de campagne
2 c. à soupe de vinaigre de vin
1 c. à soupe de farine
100 g d'oignons
2 gousses d'ail
Thym
40 g de beurre
3 c. à soupe d'huile

1. Dans une casserole, faites revenir les oignons émincés dans 20 g de beurre puis ajoutez le vin et le thym.
2. Laissez mijoter environ 10 minutes en couvrant.
3. Mélangez la farine et le beurre restant et rajoutez aux oignons en remuant bien. Salez et poivrez. Maintenez à feu doux 10 minutes.
4. Frottez les gousses d'ail pelées sur les tranches de pain. Puis faites dorer ces dernières dans l'huile.
5. Portez à ébullition le bouillon avec le vinaigre. Réduisez le feu et pochez les œufs dedans. Cassez un œuf et versez celui-ci rapidement dans le bouillon frémissant. Retirez chaque œuf avec une écumoire au bout de 3 minutes, et bien les égoutter. Disposez les ensuite sur les tranches de pain et arrosez-les de la sauce (en enlevant le thym).

Avril

UN VILLAGE CORSE EN 1840

Au mois d'avril 1840, les habitants de Marignana virent, avec inquiétude, Pierre-Jean Massoni rentrer dans son village nalal. On chuchotait, tout bas, son aventure : il était gendarme, en résidence à Sainte-Lucie de Tallano. Sa femme, à la suite de papotages insignifiants, avait eu une vive altercation avec la femme du maréchal-des-logis. Celui-ci fit retomber sur Massoni sa mauvaise humeur. Il lui adressa, à diverses reprises, des réprimandes publiques, injustes. Massoni était nerveux et bouillant. Il patienta, patienta, puis, un beau jour, hors de lui, il envoya à son chef un coup de fusil qui lui emporta le bout de l'oreille gauche. On le garda deux mois en prison préventive. Il fut déféré devant un conseil de guerre, et, comme de nombreuses circonstances atténuantes plaidaient en sa faveur, comme il avait été, jusqu'à ce jour, un serviteur irréprochable, on se borna à le rayer des cadres de la gendarmerie. On craignait, au surplus, qu'une peine afflictive ne jetât cet homme dans le maquis et n'en fît un criminel dangereux.

De terribles préventions, en effet, pesaient sur Massoni. Il avait la haute taille, l'ossature puissante d'un athlète, et dans sa virile figure brune, encadrée de barbe noire, brillaient deux yeux durs, au regard froid. Dans les relations ordinaires de la vie il avait le cœur le plus chaud qu'on pût trouver : il était serviteur zélé, excellent camarade, ami-solide ; mais, après boire, à des minutes de colère, sa figure blêmissait, ses yeux devenaient troubles, et un tremblement nerveux le secouait de la tête aux pieds. N'étant plus maître de lui, il avait, alors, des emportements de bête furieuse. Sa main pesante s'abattait, formidable, autour de lui, et il cognait en dément. Sa voix surtout était singulière : une voix rauque, aux durs éclats, qui restait dans l'oreille, une fois entendue, comme quelque chose de bestial.

À Marignana on avait pour Massoni, outre le respect vague qu'impose, dans le peuple, l'extraordinaire force physique, l'appréhension que causaient ses précédents de jeunesse. On se rappelait les actes de cruauté de son adolescence batailleuse ; on se rappelait surtout le coup de pistolet qu'il avait tiré, à dix-neuf ans, sur un brave homme de quarante-cinq ans, à la suite d'une futile discussion au jeu, et chacun sentait, étant donné ses dispositions d'esprit, qu'il convenait de le ménager.

On s'empressa donc autour de Massoni dès son arrivée. Les parents, les amis, les simples connaissances lui firent fête. On donna un vin chaud en son honneur, et tous, par des paroles aimables, l'engagèrent à prendre patience. Massoni ne cachait pas son ressentiment.

- Le lâche ! le lâche ! s'écriait-il, se laisser dominer par une femme ! Obéir aux caprices d'une femme ! Ceux qui se laissent commander par des femmes ne sont pas des hommes ! Il ne faudrait pas que ce misérable arrive à la portée de ma carabine !... Je lui montrerais

à faire

rendez-vous

Mercredi 1er Hugues

Jeudi 2 Sandrine

Vendredi 3 Richard

Samedi 4 Isidore ●

Dimanche 5 Pâques

de quelle pâte sont faits les vrais hommes !

Aussitôt installé, il se mit au travail. Il acheta des outils de cultivateur et commença le défrichage d'un bout de maquis, naturellement arrosé, pour le transformer en jardin potager.

Marignana n'est guère modifié depuis cette époque, sauf que des routes carrossables le mettent en communication avec les villages voisins, Ota, Cristinacce, Evisa, etc., et que sa population s'est élevée de 800 à 1 200 habitants. Il se compose d'une agglomération, de maisonnettes brunes et basses, en granit de terre argileuse, accrochées au flanc du mont Sant'Angelo en pleine châtaigneraie. Il surplombe une étroite vallée, encaissée dans de hautes montagnes tourmentées, qui barrent l'horizon de tous côtés. À droite, d'imposantes masses grises et nues, où, sur les crêtes, grimpe, en fines hachures, la forêt d'Aïtone. En face, la gorge de Porto, sombre, aux déchiquetures livides, qu'ensanglante la rouge ossature d'Ota et qu'étrangle l'éperon sinistre de la Spelunca. À gauche, l'énorme bloc granitique, polychrome, du Capo dei Signori, et des coteaux abrupts, dentelés, où des bouquets d'arbres émergent d'un fouillis de hautes broussailles.

À trois cents mètres de Marignana se trouve un petit hameau, Chidazzo, cinq ou six maisons côte à côte, au bord de la route et séparées du village par un pli du vallon.

Il se dégage de ces coteaux pelés, de ces masses sombres, une impression d'accablement. Le cercle dur de ces montagnes, empêchant le regard de s'étendre, force l'âmc à se replier sur elle-même. Et comme le canton d'Evisa, aujourd'hui sillonné de routes, n'avait, à l'époque, que de tortueux sentiers muletiers, les habitants de Marignana, sans relations avec le monde extérieur, se trouvaient étroitement bloqués dans leur humble village.

Ils menaient et ils mènent encore une existence primitive et patriarcale. La plupart d'entre eux étaient bergers ; chaque famille possédait un lopin de terre, quelques plants de châtaigniers, et, en outre, on avait le droit de pacage sur de vastes étendues de biens communaux, où chacun devenait propriétaire des arbres qu'il y plantait. Ils vivaient

Suite page 44

Le saviez-vous ? ....

RICHESSE ET PAUVRETE

La pauvreté peut donner lieu à des moqueries, parfois très cruelles:
"Un hà nè ortu nè vinghja,
Ghjiseppu hà a tinghja!"
(Il n'a ni jardin ni vigne,
Joseph a la teigne !)
L'ancien pauvre, enrichi, reste l'objet de railleries:
"Un pidochju rifaticciu." (Un pou qui s'est refait une santé.)
Cette expression est l'équivalent des locutions italiennes "pidocchio rifatto"(pou refait) et "pidocchio rivestito"(pou rhabillé). En langue corse, on dit également « pidochju rifattu ».
Illustr. : « ...per avellu cunusciutu miserabile, dicìanu fra d'elli : “Veramente... Un si ricorda più ‘ssu pidocchju rifattu...“ » (... pour l'avoir connu misérable, ils disaient entre eux : « Vraiment... Il ne se souvient plus ce pou refait... »)
Sebastianu Dalzeto, « Pesciu Anguilla », 1930.
Quant à ceux qui sont prêts à tout pour s'enrichir, ils sont l'objet d'une forte déconsidération sociale:
"Per u corpu vendenu l'anima." (Ils vendent l'âme pour le ventre.)

Jean-Guy Talamoni, Dictionnaire commenté des expressions corses, Prix du Livre Corse 2005, DCL éditions.

Lundi 6 Lundi de Pâques — semaine 15

Mardi 7 Jean-Baptiste de la S.

Mercredi 8 Julie

Jeudi 9 Gauthier

Vendredi 10 Fulber

Samedi 11 Stanislas

Dimanche 12 Jules

P.L.M
CORS
BILLETS D'EXCURSIONS
VIZZAVONA

PARFUMS DE CORSE

Rude
Corse
Granit
Roche
O mer
Vive
Cyrnéa Soleil
Déesse du temps
Pour les chemins d'or
Et les sentiers magiciens
Pleins de parfums échevelés
Senteurs secrètes et jalouses
Qui du plus loin que l'on soit
Enivrent enchantent l'âme exilée
Offrande d'un monde incomparable
Brûle-parfum d'un univers sacré
Terre jaillie ainsi de l'onde
Comme Vénus en sa coupe de nacre
Le dessin de ton corps rappelle
Un coeur brûlant d'éternel amour
Tes fils conservent à jamais
Cette empreinte passionnée
Ils vont à travers le monde
En écoutant le moindre écho
Leur apportant avec le chant
Des torrents le bruissement
Des pins les berceuses
Des vagues le souffle
Cristallin de la source
Le grondement souterrain
Des eaux diaboliques
Filles du soufre
Sol où le voyageur
Devient le pélerin
De la perfection
Aimant ce rêve
A jamais
Vivre
Ici

Nathalie Doris

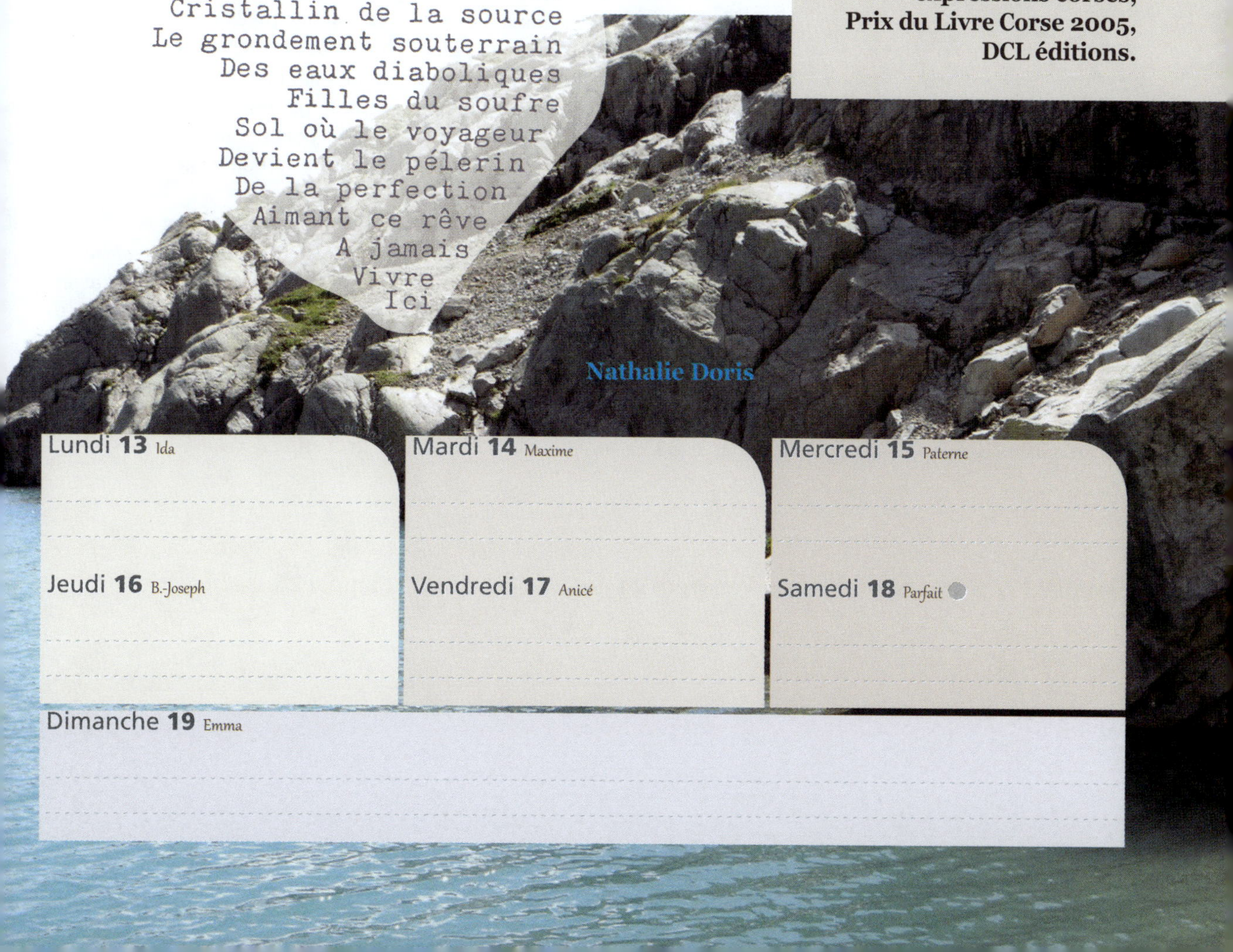

Le saviez-vous ?...

RIRE (Risa)

"Li ridenu ancu e calcanghje." (Même ses talons en rient.)
De cette expression fort connue, il existe plusieurs versions. Ainsi, dans "Zi' Prisidenti", Maddalena Rotilj-Forcioli écrit:
"A Pitrina, issi parolli d'affizioni, li faciani smintică a so fatica. Da a gioia, li ridiani l'ossi." (Ces paroles d'affection faisaient oublier à Pitrina sa fatigue. De joie, même ses os riaient.)
Il est une variante plus imagée encore, évoquant un autre aspect de l'anatomie : « Li ride ancu u c... ! »

A rappr.: "Se le ríen las pajarillas." (Même ses viscères en rient. - Espagne).

Jean-Guy Talamoni, Dictionnaire commenté des expressions corses, Prix du Livre Corse 2005, DCL éditions.

Lundi **13** Ida

Mardi **14** Maxime

Mercredi **15** Paterne

Jeudi **16** B.-Joseph

Vendredi **17** Anicé

Samedi **18** Parfait

Dimanche **19** Emma

Suite de la page 41

pauvrement, mais sans effort, la nature pourvoyant à leurs premiers besoins. Vers la mi-novembre, ils se livraient à la cueillette des châtaignes dans les forêts qui entourent le village. On avait ainsi de la farine de châtaignes, de quoi faire la polenta, c'est-à-dire des provisions pour la moitié de l'année. Chaque famine avait, en outre, engraissé un, deux, ou trois porcs, qu'on avait laissé pâturer en liberté dans le maquis et les chênaies. Ils les tuaient à la Noël, et les femmes fabriquaient la charcuterie : figatelli, lonzi, jambon, saucissons.

Au mois de janvier, aux premiers froids, quand la neige s'amoncelle sur les cimes d'Aïtone, ils se claquemuraient dans leurs étroites maisons, et passaient les longues journées d'hiver au focone, large pièce où des feux énormes flambaient sur le sol en terre battue, tandis que les châtaignes séchaient, lentement, disposées en couches épaisses, sur le plafond à claire-voie.

Déjà les bergers étaient descendus avec leurs troupeaux à la plage, c'est-à-dire dans la chaude vallée de Revenda, au bord de la mer, tout près de Cargèse. Avec eux avaient émigré quelques paysans qui ne répugnaient pas trop au travail de la terre. Ils labouraient et faisaient les semailles de blé et d'orge.

Les vieilles femmes, les enfants, les, vieux restés au logis, passaient les soirées d'hiver à tisser le pelone, drap rude en poil de chèvre, et la toile pour le linge.

Ils vivaient ainsi entre eux, étrangers aux bruits, aux agitations du dehors. Pendant les veillées, au focone, on racontait les fole, les légendes, les histoires de mazzeri, de revenants ; on disait les prouesses des bandits énergiques et fiers, et on chantait les lamenti, cantilènes tristes, monotones.

Les hommes se livraient aussi, souvent, à d'ardentes parties de scopa, jeu de ruse, plein de subtilités. Ils ne rompaient cette vie monotone et silencieuse que pour aller à la pêche aux truites, très abondantes dans les torrents glacés qui grondent dans les environs de Marignana et pour aller à la chasse. Aux premiers froids, les merles arrivaient en tumultueux essaims. Ils les prenaient en tas, au lacet. Le gibier à poil et à plume pullulait également dans les taillis. L'existence matérielle était donc assurée à peu d'efforts. Leur ardent désir, leur unique ambition à tous, était d'avoir un fusil de précision, de la poudre et des balles. Ils y arrivaient après de longues et parcimonieuses économies. Un fusil, en effet, était pour eux l'ami sûr et vigilant, le porte-respect qui garantit la vie sauve et permet, au besoin, de la défendre vaillamment.

Extrait de « Fleuve de Sang », Histoire d'une vendetta corse, par Jean-Baptiste Marcaggi Editions Marivole, 2013, 16

semaine 17

Lundi **20** Odette	Mardi **21** Anselme	Mercredi **22** Alexandra
Jeudi **23** Georges	Vendredi **24** Fidèle	Samedi **25** Marc
Dimanche **26** Alida		

LA SERVANTE A SERVA

Moi fier paysan
Eu, paesanu fieru
Peinant tout le jour et malheureux
Ghjurnatantu e disgraziatu
Je veux chanter le désespoir
Vogliu canta l'addisperu
De mon amour abandonné
Di lu mi amore scunciatu
Anghjula, pure jeune fille
Anghjula, pura e fantina
Du printemps la plus belle fleur
Di u veranu più bellu fiore
Tu es partie un matin
Si n' andò una matina
Pour devenir la servante des notables
A fa serva a li signori
Anghjula, mon Anghjula
Anghjula, Anghjula mea
Tu m'apportas le désespoir
A ruvina mi purtasti
Ce jour ou tu t'en allas
Stu ghjornu duv'e n'andasti
Chez les notables
In lì sgiò
Quand tu en franchis le seuil...
E ne francasti lu purtò
L'été était torride,
L'estate l'aria infiarava
Fatiguée, à la fontaine,
Eri stanca à la funtana
Ta cruche te pesait
A tò ciaretta pisava
Sous la canicule
Sott'a quella sciappittana
Moi travaillant dur,
Eu rozu travailladore
Ne trouvais jamais de répit
Un truvai mai la stonda
Et le jeune et beau seigneur
Ellu, giovanu signore
Te tournait autour
Bellu, ti girava in tondu

Anghjula, mon Anghjula,
Anghjula, Anghjula mea
C'est cela, ne le nie pas,
Fù cusi, nun ricusasti
Tu lui as donné ta jeunesse
A to giuventù li dasti
A ce seigneur qui
A stu sgiò
Dans la maison te mit enceinte
Chi in la so casa t'ingannò
Entre chardonneret et corbeau
Trà a cardellina e u corbu
Il n'est de mariage possible
Matrimonii ùn ne pò nasce
Avec ton enfant dans le ventre
Puru un criaturu in corpu
Le seigneur te délaissa
U sgiò ingratu ti tralascia
Ce jour-là, il y avait fête sur la place
Stu ghjornu era festa in piazza
Tu mesurais ton malheur
Misurasti a to sciagura
Il en épousa une de son rang
Spusava una di razza
Riche, bien entendu
Ricca, di ceppu sicuru
Anghjula, mon Anghjula,
Anghjula, Anghjula mea
Ce pistolet que tu tenais
Issa pistola che tu purtasti
Je te l'ai pris, tu ne voulais me le donner
A ti cacciai, ùn la mi dasti
Et ce seigneur
E u sgiò
Et c'est ma main
Fù a mio manu
Qui le tua
Chì u tumbò

Voce ventu

Lundi **27** Zita — semaine 18

Mardi **28** Anselme

Mercredi **29** Alexandra

Jeudi **30** Robert

à faire

rendez-vous

JARDIN

Pour avoir de la salade tous les jours de l'année

Le mois de février est propice pour acheter vos graines.
Voici un petit calendrier pour échelonner vos semis :
De mars à juillet : semez les laitues (pommées, batavias, romaines ou même laitues à couper). Avec un abri pour semer, soit sous couche, sous nylon ou dans une serre, commencez les semis dès la fin février. Semez peu de graines à chaque fois, mais renouvelez vos semis tous les quinze jours.
En avril et mai : semez en pleine terre les endives, et récoltez les racines en octobre, pour ensuite les cultiver dans le noir et les consommer tout l'hiver.
De juin à août : Semez les chicorées (salades plus résistantes au froid et consommables tout l'automne). Il en existe plusieurs variétés : les scaroles, la blonde, la frisée, le cornet d'Anjou ou de Bordeaux. Elles ont une résistance au gel, et même en pleine terre pendant tout l'hiver s'il n'est pas trop rude. Semez des variétés de chicorée un peu plus gustatives, mais un peu plus fragiles comme la chicorée « pain de sucre », la « Trévise », la « grumolo verde » ou le « castelfranco », etc., à consommer jusqu'au printemps à condition de les protéger d'un voile d'hivernage ou d'un nylon.
De la mi-août à la mi-septembre : semez la mâche, que vous pourrez consommer de novembre à mars. Les mâches supportent très bien le froid, elles peuvent même passer un moment sous la neige.
En septembre semez les laitues d'hiver, que vous repiquerez avant l'hiver en octobre, vous les récolterez en avril-mai l'année suivante, en jonction avec les mâches.

BRICOLAGE

Un déboucheur de tuyauterie efficace

Dans un bol mettez environ 65 g de poudre de tartre et 200 g de bicarbonate de soude, mélangez bien la poudre obtenue. Lorsqu'une de vos tuyauteries est bouchée, versez dans le syphon 65 g de votre poudre et 250 ml d'eau ; laissez bouillonner ; lorsque le bouillonnement s'arrête rincez bien à l'eau froide.

SANTÉ

Apaiser une piqûre de moustique

Pour calmer les démangeaisons, déposez une goutte d'huile essentielle de citron sur les piqûres. Frottez pour la faire pénétrer, cela apaisera immédiatement la démangeaison. Une autre solution : frottez la piqûre avec du persil frais et laissez cette piqûre à l'air libre pendant ¾ d'heure.

BEAUTÉ

Pour avoir des cheveux bien lisses

Faites un masque toutes les semaines avec 1 jaune d'œuf, ½ verre d'huile d'olive, 1 verre de graines de sésame. Mélangez tous ces ingrédients et laissez poser ce masque pendant une heure sur les cheveux. Lavez ensuite avec le shampooing habituel.

petit PROVERBE

« En amour, il y en a toujours un qui souffre et l'autre qui s'ennuie. »

Honoré De Balzac

Image d'hier

Mois de Mai

MAI FRAIS ET VENTEUX
FAIT L'AN PLANTUREUX

LE rosier est un arbuste si bien dressé qu'il fait lui-même ses bouquets. Si vous en voyez un à côté de la porte du jardin, vous verrez avec quel art il dispose ses roses, celles qui sont épanouies et celles qui sont encore en boutons. Non seulement c'est un fleuriste consommé dans l'espace, comme le vôtre et comme le mien, mais encore un fleuriste dans le temps, car ses bouquets évoluent et se renouvellent seuls, toujours aussi beaux et toujours aussi nouveaux. Et puis, vous pouvez regarder l'ensemble ou vous pouvez regarder un détail, c'est toujours aussi bien. Mais un bouquet me déroute et par contre je tombe facilement amoureux d'une rose. Une rose me suffit; ses pétales sur mes paupières me reposent et m'apaisent, et son parfum est frais et discret comme l'air de mai.

Pere Verdaguer

Quand deux cœurs s'aiment bien,
tout le reste n'est rien.

Molière (Monsieur de Pourceaugnac) 1669

GITANE (LE GITAN)

La marque Le Gitan est une entreprise située à Machecoul en Loire-Atlantique, qui fabrique des vélos en sous-traitance dès 1926, et ses propres produits à partir de 1929 sous le nom de Gitane.

La marque Le Gitan est une entreprise située à Machecoul en Loire-Atlantique, qui fabrique des vélos en sous-traitance dès 1926, et ses propres produits à partir de 1929 sous le nom de Gitane. Tout le monde se souvient de la marque Gitane, vainqueur du Tour de France cycliste avec Jacques Anquetil.

L'entreprise décide, en 1950, de construire les cyclomoteurs utilitaires « Le Gitan ». Les premiers sortiront en 1952 équipés d'un moteur VAP d'une cylindrée de 48 cm³ développant 1 ch. La vitesse maximale est de 40 km/h. Il y a deux niveaux de finition : Standard et Luxe. Ce dernier bénéficie d'un cadre renforcé, de garde-boue enveloppants et de freins à tambour sur les deux roues. Les manivelles de pédales sont chromées ainsi que le tuyau d'échappement. Le catalogue présentera un cyclomoteur Le Gitan équipé d'une fourche télescopique dès 1953.

En 1954 l'aspect esthétique est très réussi, notamment pour le cyclomoteur de type 50 équipé du moteur VAP 55 ou du moteur Mistral. Le modèle est très caréné, la carrosserie s'intègre au cadre, dans la continuité du réservoir situé à l'avant, et protège le moteur et les pantalons. Les garde-boue AV et AR sont très enveloppants sur les roues pour protéger des projections.

En 1955 sortira le cyclomoteur équipé du moteur VAP 55, de freins à tambour à l'avant et à l'arrière, de conception différente puisque le réservoir est situé sous la selle.

La gamme Gitane comprend trois niveaux: Utilitaire, Standard et Luxe. Il convient d'ajouter le modèle Sport à partir de 1958.

Il faut noter que le nom de Gitane s'appliquera aussi bien aux cyclomoteurs qu'aux vélos fabriqués par l'entreprise.

***

Dès 1958 les cyclomoteurs Gitane seront conçus à partir de cadres châssis-coque renforcés intégrant le réservoir en tôle emboutie. Le premier est le type 67 équipé du moteur VAP 57. Il possède des amortisseurs AV et AR.

Le premier cyclomoteur sport est le type 165 appelé « Gazella », qui bénéficie également du même moteur VAP 57 à deux vitesses et intègre la gamme en 1958. Il est doté d'une selle biplace à dosseret et d'un réservoir Mottaz, ainsi que d'un guidon à bracelets qui lui confèrent une allure sportive sans pour autant en avoir les performances italiennes. La suspension est assurée par une fourche télescopique à l'avant et des bras oscillants avec ressorts chromés à l'arrière.

Pour remédier à ces faibles performances, Gitane produit en 1959 les types 162 et 163 équipés d'un moteur Sachs avec respectivement deux ou trois vitesses. C'est en 1960 que le modèle type 164 Competizione, baptisé « Imperia », avec le moteur Sachs 50 à 3 vitesses, obtient une vraie réussite. Il sera doté d'un réservoir italien Tébaldi, d'une selle *bi-place* à dosseret et d'un carénage en tête de fourche englobant le phare, ce qui lui donnera une allure encore plus sportive.

En 1962 Gitane ajoutera la série des Macerata à son catalogue qui comprendra le Racer à 3 vitesses et le Monza à 4 vitesses.

Pour mémoire c'est le nom de Raphael Géminiani, encore un champion cycliste de renom, qui sera utilisé pour faire la promotion des cyclosports Gitane dans les années 60.

En 1962, considérant que le marché du cyclosport est encombré et constatant l'augmentation de la vente de vélos, Gitane décide de se consacrer à la fabrication de cycles.

***

Mais l'histoire est un éternel recommencement, et le passé poursuit Gitane qui revient à la fabrication de cyclosports en 1970, dans le cadre d'un accord avec la marque Italienne Testi qui fabrique des cyclosports équipés de moteurs Sachs.

De cet accord naîtra le Gitane Testi en 1970, un cyclosport très performant équipé d'un moteur Minarelli de 50 cm³ et d'une boîte à 4 puis 5 vitesses, assemblé en France par les usines Gitane. Ce modèle fera un carton et comblera les besoins d'une clientèle jeune avide de sensations fortes. Gitane produira également le modèle Spécial Corsa, un véritable cyclosport de course équipé d'un carénage pour la compétition. Ce sera la production des modèles appelés Grand-Prix, Daytona, ou Super-Champion...

En 1974 un accord avec Renault permet la naissance de Gitane-Elf, plus tourné vers la compétition.

La société Gitane cessera la fabrication de cyclomoteurs en 1980 pour se consacrer exclusivement à la construction de cycles, mais cela est une autre histoire.

Jany Huguet

gitane TESTI MOTEUR FB MINARELLI

Mai

LA FONTAINE À L'EAU DE ROSE

Un homme d'Aléria était aussi riche qu'un roi.

Malheureusement, vers la fin de sa vie il devint aveugle.

Il appela alors ses trois fils et leur dit : « Tout ce que je possède est à celui d'entre vous qui pourra me guérir. »

Les trois fils partirent par le monde à la recherche des plus grands médecins, mais aucun ne put réussir à rendre la vue au vieillard.

À la fin un docteur, plus savant que les autres, lui parla ainsi : « Nulle puissance humaine ne peut vous guérir ; seule une bouteille prise à la fontaine de l'eau de rose pourrait le faire. Il vous suffirait de quelques gouttes de cette eau merveilleuse pour vous rendre la lumière. »

Les trois enfants s'offrirent à l'instant pour aller à la fontaine, mais aucun d'eux ne savait où elle se trouvait.

Ils partirent pourtant, espérant la trouver un jour, et chacun prit un chemin différent.

Après avoir voyagé bien longtemps, le premier rencontra sur son chemin une jeune femme portant un enfant dans ses bras.

« Où vas-tu?

— Que t'importe ? ai-je des comptes à te rendre ?

— Eh bien ! va où ton sort te conduit. » L'aîné continua sa route et arriva à la fontaine, où il fut dévoré par les lions et les serpents qui la gardaient.

Le second frère rencontra la même femme sur son chemin.

« Où vas-tu?

— Tu es trop curieuse ; mêle-toi de tes affaires, tu feras beaucoup mieux.

— Eh bien ! je ne me mêlerai pas des tiennes. »

Suite page 53

Expression

DEVOIR UNE FIÈRE CHANDELLE À QUELQU'UN

Devoir une fière chandelle à quelqu'un signifie « être redevable envers quelqu'un », « avoir une grande dette envers lui ».

Cette expression fait allusion aux cierges que l'on brûlait en reconnaissance d'un vœu exaucé.

Recette

Ragoût aux aubergines

Pour 6 personnes

500 g de bœuf haché
6 grosses aubergines
10 cl d'huile d'olive
1 gousse d'ail
6 échalotes
1 poivron vert
2 clous de girofle
10 cl de vin blanc

1. Découpez l'aubergine pelée en rondelles. Faites-les revenir 10 minutes dans de l'huile d'olive.
2. Préchauffez le four à 200 °C.
3. Hachez la chair du poivron, l'ail et les échalotes. Mélangez-les à la viande en ajoutant du sel, du poivre et les clous de girofle écrasés.
4. Faites revenir le hachis dans de l'huile d'olive 5 minutes.
5. Dans un plat au four, disposez successivement une couche de hachis et une couche d'aubergine, en terminant par cette dernière.
6. Arrosez d'un filet d'huile d'olive et de vin blanc.
7. Laissez cuire au four environ 1 heure.

Mai

CROYANCES POPULAIRES DE LA CORSE

Attention aux « mazzeri » et à la « squadra » !

Sa mère le soigne, l'allaite et veille à ce qu'il ne lui arrive aucun mal ; mais quelles précautions prend-elle ! Elle commence par lui attacher sur l'épaule une petite branche de corail ou par cacher dans ses langes un morceau de chandelle — de celle que sa famille a reçue à la Chandeleur — ; cela suffit pour éloigner une foule de maladies et chasser la strega, la sorcière qui se tient toujours en embuscade, profitant de la moindre distraction de la mère pour tuer le malheureux bébé en lui suçant le petit doigt.

Si, malgré ces précautions, l'enfant tombe malade, la première pensée de la mère est de le croire innocchiato. Pour chasser ce mauvais sort, elle fait brûler, dévotement, mêlés ensemble : un rameau d'olivier, une croix de feuilles de palmier bénite le jour des Rameaux, un peu d'encens et un morceau du cierge qui se trouvait en tête du triangle pendant les offices de la Semaine sainte. Sur la fumée qui se dégage de ce bûcher d'un nouveau genre, elle promène le corps du petit malade en faisant force signes de croix et en disant : « Je t'enfume et que Dieu te guérisse ! » Ou bien encore : « Que ton mal se dissipe comme cette fumée ! »

Si malgré cela l'enfant continue à dépérir, si le sort, ou plutôt le mal, ne s'en va pas, c'est à l'incantatrice que l'on a recours. Trois fois de suite, pendant trois jours consécutifs, la vieille procède à ses incantations : sur un peu d'eau qu'elle verse au fond d'une assiette, elle laisse tomber deux ou trois gouttes d'huile ; généralement une partie seule surnage ; l'incantatrice renouvelle l'opération, en changeant chaque fois l'eau de l'assiette. Par la disposition des gouttes, elle juge de la maladie ; si toute l'huile surnage, le mal est léger et l'enfant va guérir, sans quoi il a été frappé par les morts et nulle puissance humaine ne peut le sauver. Si, plus puissante que l'incantatrice, la nature guérit le bébé, c'est la première qui en a l'honneur ; s'il meurt, les morts seuls sont coupables.

Mais, dira-t-on, pourquoi, au lieu de l'incantatrice, ne pas plutôt appeler le médecin ? À cause de la fâcheuse croyance répandue dans les campagnes que, pour les petits enfants, le médecin peut moins que celle qui conjure le sort ; et, il faut l'avouer avec regret, beaucoup de ceux qui se disent médecins ne justifient que trop ce préjugé.

Or, tandis qu'on se refuse énergiquement à croire à l'efficacité des prescriptions du médicastre, on admet le pouvoir de l'enchanteur ou de l'incantatrice, ces magiciens qui avec quelques paroles opèrent des prodiges et font pâlir devant eux la science la plus profonde.

Outre le mal occhio dont on a déjà parlé, les enchanteurs tuent les vers dans les intestins des enfants ; arrêtent les hémorragies ; guérissent les brûlures les plus profondes ; conjurent les effets du poison provenant de la piqûre d'un insecte venimeux ; et font disparaître le virus rabique communiqué par les morsures d'un chien enragé.

Est-ce que les plus éminents professeurs de la Faculté de médecine pourraient en faire autant, surtout avec tant de facilité et à si peu de frais ? Et cependant, il meurt peu d'enfants à la mamelle ; l'air pur, le soleil, ainsi que d'autres conditions favorables, entretiennent leur santé ; mais quelles sont les premières idées que l'on grave dans l'esprit de ces jeunes enfants dès que leur curiosité s'éveille ? Pas d'autres que les contes superstitieux de leurs vieilles grands-mères. À peine le petit a-t-il des dents pour mordiller dans la viande, qu'on lui défend de manger d'une queue de porc ou de mouton, sous peine de rester un nain. Et de peur de rester un nain, l'enfant n'en mangera pas.

Aux conversations de la veillée, il n'entend parler que de sorciers et de revenants : ces récits fantastiques, faits gravement par des personnes sérieuses, finiront par prendre possession de son imagination et il croira aux

à faire

Vendredi 1er *Fête du travail*

Samedi 2 *Boris*

Dimanche 3 *Philippe, Jacques*

revenants comme à son existence ; il faudra même que son esprit et sa raison soient bien solides si, avec l'âge, il parvient à renvoyer ces contes au pays des chimères. Le fait est si vrai, que l'on pourrait nommer des hommes ayant fait de fortes études et occupant dans l'État des positions très importantes qui prêtent foi à ces folles visions.

Si le jeune homme est appelé à la vie rurale, on lui recommande de ne tailler sa vigne, de ne greffer ses arbres, de ne faire ses semis que pendant que la lune est à son décours : alors il aura de bonnes vendanges, beaucoup de fruits, ainsi que les légumes désirables. Surtout, lui dira-t-on, malheur à toi si tu finissais tes semailles un vendredi ; ta femme mourrait dans l'année.

S'il a occasion de vendre du gros ou du menu bétail, il devra se souvenir de ne jamais livrer un bœuf, ou un mouton, sans avoir adroitement enlevé une touffe de poils de la queue du premier, ou un flocon de laine pris sur le dos du second, poils ou laine devant être jetés au milieu des bêtes qui lui restent : oublier ces prescriptions, c'est s'exposer à voir s'en aller ailleurs la fortune de l'étable ou du troupeau. Surtout, défense expresse de faire une vente un lundi : commencer à diminuer le troupeau le premier jour de la semaine, c'est le vouer à une diminution quotidienne, et finalement à une destruction totale.

Enfin, on lui fera connaître comment on peut détruire son ennemi quand on n'a pas la force de le faire par les armes, ou qu'on ne veut pas se compromettre : c'est de mettre une poignée de sel dans le bénitier du fond de l'église, en prononçant des paroles conformes au désir qui inspire cette action : c'est une variante de l'envoûtement du Moyen Age. Il faut ajouter que ce moyen d'atteindre son ennemi, n'est jamais pratiqué par un homme ; seules les veuves et filles orphelines y ont recours.

De son côté la mère recommande à sa fille — pour le temps où, à son tour, elle dirigera un ménage — de ne mettre des œufs à couver que lorsque la lune, dans sa splendeur, est bien visible au-dessus de l'horizon ; de ne faire une salaison de viande à conserver que si la lune ne s'est pas encore levée ; de garder soigneusement les branches d'olivier, les feuilles de palmier bénites, l'encens, et la chandelle nécessaires pour chasser le mal occhio ; et de conserver la coquille du premier œuf que ses poules pondront le jour de l'Ascension : cette coquille a le pouvoir d'éteindre les flammes en cas d'incendie.

Elle lui recommande de veiller à ce que son mariage n'ait pas lieu le même jour où une autre se marie. Si cela se produisait, il faudrait éviter à tout prix de suivre le même chemin ou de se rencontrer, soit en allant, soit en revenant de la mairie ou de l'église ; car si les pas de l'une devaient passer sur ceux de l'autre, celle qui aurait marché devant mourrait dans l'année.

Elle lui apprend ce qu'il faut faire pour prévenir les envies qu'éprouvent les femmes enceintes ; car, par exemple, le compère-loriot provient de la salive que l'une d'elles crache en se tournant vers une personne qui porte des fruits dont elle désire et qu'elle n'ose pas demander : cette envie apparaît sous la forme d'un bouton sur l'œil qui n'a pas su la voir ; de même que le fruit désiré naît sur la peau de l'enfant qu'elle porte dans son sein ; il faut donc être attentive, offrir généreusement et ne pas rougir de demander. Enfin, pendant le mois de mai, alors que la nature respire la joie et invite à l'amour, les bergers ne se marient jamais. Pourquoi ? On ne sait.

En Corse, les diseurs de bonne aventure prennent le nom de devins ---; ils prétendent lire l'avenir sur un œuf ou une épaule de mouton : il va sans dire que l'œuf doit être frais et l'épaule livrée avec toute sa chair. C'est le devin qui doit la faire cuire et la dépouiller lui-même, afin de pouvoir lire sur l'omoplate. Les présages ont une grande influence sur l'imagination populaire. Au nombre des mauvais présages sont : le chant de la poule ; le cri de la Malucella, l'oiseau de mauvais augure ; et les hurlements des chiens.

Lorsqu'une poule se met à chanter, c'est un mauvais signe pour la maison ; seulement elle ne chantera qu'une fois, par la raison que la première personne de la famille qui la voit se hâte de lui tordre le cou. Lorsque, pendant le silence et l'obscurité de la nuit, la

Suite page 54

semaine 19

Lundi 4 Sylvain ●	Mardi 5 Judith	Mercredi 6 Prudence
Jeudi 7 Gisèle	Vendredi 8 Armistice	Samedi 9 Pacôme
Dimanche 10 Solange		

EAU
D'OREZZA
PROPRIETE
CORSE
ADMINISTRATION

Suite de la page 49

Le voyageur continua sa route et, de même que son frère, il fut dévoré par les bêtes féroces gardiennes de la source.

Le cadet, à son tour, rencontra la jeune femme et son enfant, qui n'étaient autres que la sainte

Vierge et le petit Jésus.

« Où vas-tu ?

— Je vais remplir ce flacon à la fontaine de l'eau de rose, afin de guérir mon père qui est aveugle.

— Et sais-tu où se trouve cette fontaine ?

— Non, mais le souvenir de mon père malade me donne du courage et, à force de chercher, je finirai peut-être par découvrir cette source merveilleuse.

— C'est bien, mon enfant, je vois ton bon cœur. Pour arriver à la fontaine que tu cherches, tu n'as qu'à suivre cette route. Seulement, prends ce morceau de cire, et lorsque les bêtes féroces voudront se précipiter sur toi, tu leur en donneras une miette à chacune ; cela suffira pour les tuer. La bouteille une fois remplie, reviens et conserve précieusement ton eau, car quelques gouttes jetées sur un mort le rendront à la vie. »

Le jeune homme partit et trouva enfin la fontaine à l'eau de rose.

Il entendit des rugissements terribles et des sifflements aigus qui lui firent dresser les cheveux de terreur.

À la vue du jeune homme, un énorme serpent voulut s'élancer sur lui, mais un peu de cire eut bientôt fait de foudroyer le dragon.

Les autres monstres ne tardèrent pas à subir le même sort ; de sorte que le frère cadet put s'approcher de la fontaine.

La bouteille remplie, celui-ci revint à Aléria ; mais, hélas ! il y avait plusieurs jours que son père n'était plus.

Le pauvre enfant se souvint heureusement des paroles de la bonne Vierge.

Aussi fit-il ouvrir le tombeau du mort et, grâce à l'eau merveilleuse, il eut le bonheur de le voir peu à peu revenir à la vie, se lever et parler.

Jugez de la joie et de la surprise de tout le monde. Chacun cria au miracle et, malgré les protestations du bon fils, on le prit pour un saint.

En effet, tant qu'il vécut, personne ne mourut à Aléria, une goutte de son eau précieuse suffisant pour guérir les mourants.

Malheureusement, lorsque lui-même en eut besoin, le flacon était vide ; le bon fils, du reste, était arrivé à un si grand âge, qu'il n'eut pas à regretter la vie.

Conté en 1882 par madame Marini, de Porto-Vecchio.

Les Contes populaires de l'île de Corse par J.-B. Frédéric Ortoli, éditions CPE Romorantin

Le saviez-vous ?..

RICHESSE ET PAUVRETE (Ricchezza è puvertà)

"Avè a stacca ferrata." (Avoir la poche ferrée.)
Cette locution signifie "avoir de l'argent". Pour exprimer l'idée inverse, on dira:
"Un avè un sollu per fà cantà un cecu." (Ne pas avoir un sou pour faire chanter un aveugle.)

Le père rappelle à ses enfants, dont les besoins deviennent trop importants, qu'il ne dispose pas de la fortune du richissime Ceccu Peraldi:
"Un site micca i figlioli di Ceccu Peraldi!" (Vous n'êtes pas les fils de Ceccu Peraldi!)

Jean-Guy Talamoni, Dictionnaire commenté des expressions corses, Prix du Livre Corse 2005, DCL éditions.

semaine 20

Lundi 11 Estelle ◐	Mardi 12 Achille	Mercredi 13 Rolande
Jeudi 14 Ascension	Vendredi 15 Denise	Samedi 16 Honoré
Dimanche 17 Pascal		

Suite de la page 51

Malucella fait entendre son cri sinistre, le trouble est dans la maison la plus voisine du lieu où elle a chanté. « Plutôt que de faire du mal à quelqu'un de ma famille, dit le père, je te voue mon cheval, ou tel autre animal qui te plaira. » « Emporte la plus belle de mes poules, dit la mère. »

Le chien n'étant pas au nombre des animaux que l'on offrait en sacrifice, n'est jamais désigné comme victime expiatoire. S'il arrive que, la nuit venue, le chien, in pippuli, regarde la maison de son maître et pousse des cris plaintifs, on dit qu'il pleure celui qu'il aime et l'avertit que le malheur est suspendu sur sa tête ; et si tous les chiens de la localité se rassemblent et aboient sur un ton lamentable, la panique devient générale.

Dans le nord et la partie orientale de la Corse, on croit aux sorciers, streghe, qui vont pendant la nuit faire leur sabbat, et exécuter des danses funèbres dans les lieux sombres et les cimetières. Ces méchants esprits font tout le mal qu'ils peuvent aux voyageurs attardés, et aussi ils font pleurer les mères en tuant leurs petits enfants. Le chef des sorciers ou le grand sorcier, s'appelle lo stregone : c'est peut-être parce que lo stregone y exerçait plus particulièrement ses maléfices, que le nom en reste à la piève et au torrent d'Ostrigoni.

Dans le midi de l'île, on croit à l'existence des âmes en peine, lesquelles s'en vont errant dans les ténèbres et les lieux déserts, en poussant des gémissements désolés sans pouvoir trouver de repos nulle part. Ces âmes, dit-on, sont au nombre de celles qui furent chassées du Paradis au temps de la révolte de Lucifer, mais qui, s'arrêtant en route, n'entrèrent pas avec lui dans les enfers : ce sont elles qui prennent toutes les formes pour épouvanter les vivants.

I Mazzeri, Acciaccadori, ou Acciaccamorti, assommeurs, sont les esprits de personnes encore vivantes affiliées à la confrérie des morts. Pendant que le corps est endormi, l'esprit qui l'anime est forcé de répondre à l'appel toutes les fois qu'il est requis ; il prend la forme d'un fantôme et chasse pendant la nuit les personnes attardées auxquelles il donne le coup mortel. Pour mieux atteindre leur proie, les Mazzeri se partagent les rôles : les uns se tiennent en embuscade au fond des ravins, à l'entrée des chemins creux et obscurs, aux passages des cours d'eau ; les autres battent la campagne, et si, fuyant devant eux, ce gibier d'une nouvelle espèce tombe dans l'embuscade, le mazzeri l'acciacca, l'assomme.

C'est pour conjurer ce péril que les Corses font le signe de la croix dans les lieux sombres, franchissent les ruisseaux d'un saut s'ils le peuvent, ou passent vite. Ces chasses fantastiques sont annoncées par les aboiements d'une chienne et quelques cris que l'on entend de loin en loin et de distance en distance dans le silence et l'obscurité de la nuit, car souvent la poursuite est longue à travers les vallées, les monts et les bois. Citons le vas d'un vieillard portant le deuil de son fils unique qu'il affirmait avoir lui-même assommé dans l'une de ces étranges embuscades.

« Malheureux ! et vous avez pu frapper votre fils ? » lui disait-on ; il baissait la tête et répondait tristement : « Nous — i Mazzeri dont il croyait faire partie — nous ne connaissons ceux qui tombent sous nos coups que lorsqu'il n'y a plus de remède. Mon fils se présenta sous la forme d'un marcassin blanc ; au saut du ruisseau, je l'atteignis sur les reins ; il poussa un cri, je reconnus la voix de mon enfant, mais le coup était mortel : il tomba et se renversa sur le dos ; hélas ! il était mort. » Cependant ceux qui passent à travers une embuscade ne reçoivent pas tous le coup du Mazzeri, quelques-uns parmi les morts veillent sur ceux qu'ils ont aimés, et se manifestent à eux de différentes manières et sous des formes diverses, surtout sous celle d'un chien de garde.

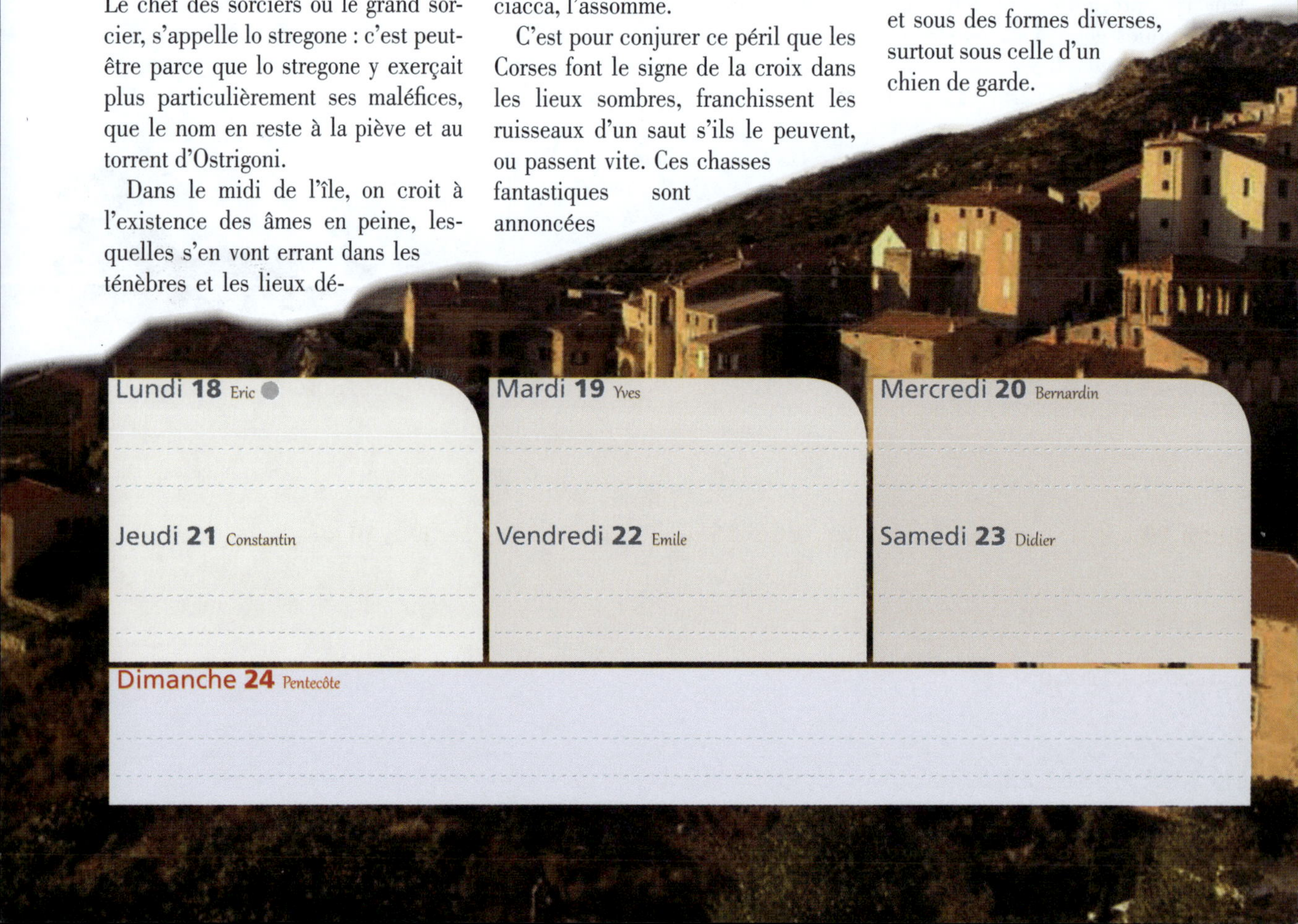

Lundi **18** Eric

Mardi **19** Yves

Mercredi **20** Bernardin

Jeudi **21** Constantin

Vendredi **22** Emile

Samedi **23** Didier

Dimanche **24** Pentecôte

Lorsque, surprise par la nuit, une personne gardée par un esprit est sur le point de s'engager dans la voie qui la mènerait dans une embuscade, un chien de forte taille au pelage d'un noir fauve, paraît tout à coup à ses côtés, puis la précède de quelques pas et marche en avant-garde. Au lieu périlleux, il s'arrête et regarde fixement du côté du Mazzeri, visible pour lui seul ; le coup ne tombe pas et la personne est sauvée, au moins pour cette nuit. Le chien continue sa marche jusqu'à ce que tout danger ait disparu, après quoi il s'en va comme une vapeur.

Mais la plus imposante et la plus terrible de toutes les apparitions est celle de la Squadra d'Arrozza, ou confrérie des morts. La squadra ne se montre que dans les occasions solennelles, pour des gens qui valent la peine qu'elle se dérange, pour des pères et des mères dont la mort est un malheur irréparable pour ceux qui restent. À l'heure de minuit, le tambour bat le rappel dans le cimetière et les morts se rassemblent : ils sont en nombre infini. Vêtus de longues chapes noires, les capuchons rabattus sur la figure, ils se mettent en marche lentement, gravement, en observant les distances comme dans une procession. Sur le devant du capuchon sont deux trous à travers lesquels on voit leurs yeux éteints.

Un tambour précède la squadra et joue des marches funèbres. À son apparition, les chiens, s'enfuient et se cachent sans oser aboyer. Arrivée sur la place de celui qui va bientôt quitter la vie, l'horrible confrérie se range en cercle, place au centre une forme de cercueil et fait les mêmes cérémonies que les vivants accomplissent pendant le jour. Et quand les funérailles sont finies, elle remporte la bière en chantant comme cela se pratique pour celui que l'on va mettre en terre : celui ou celle à qui la squadra a rendu ces honneurs, ne vivra pas au-delà de vingt-quatre heures.

Rencontrer la squadra est un présage funeste ; celui qui a cette mauvaise chance a beau être armé ; s'il fait feu la poudre ne s'allume pas ; s'il fuit ou s'il se laisse envelopper il est perdu. S'il accepte ce que les morts ne manquent pas de lui offrir avec insistance, malheur ! Car les fantômes disparaissent aussitôt, ne lui laissant que des ossements ou un cadavre dont il ne pourra se débarrasser.

Certains estiment qu'il faut avoir perdu tout bon sens pour accorder une foi quelconque à ces étranges et fantastiques visions, et l'on peut rester confondu en les entendant raconter par des hommes sérieux et graves, voire même par des prêtres qui vous disent hardiment : Je l'ai vu.

Suite page 60

Lundi **25** Sophie ◑ semaine 22

Mardi **26** Bérangère

Mercredi **27** Augustin

Jeudi **28** Germain

Vendredi **29** Aymar

Samedi **30** Ferdinand

Dimanche **31** Fête des mères

Mai

JARDIN

Pour avoir du beau muguet

Plante vivace par ses racines que l'on appelle « griffes », le muguet est rustique, d'une hauteur de 10 à 15 cm ; il donne au mois de mai des inflorescences en forme de clochettes blanches et très odorantes.

Il y a plusieurs races et variétés, tout d'abord le muguet des bois, à petites fleurs, et le muguet de culture, à plus grandes fleurs, comme les variétés « Berlin » ou « de Nantes ».

Le muguet se plaît dans les terres légères et humifères, assez fraîches en exposition mi-ombragée, voire ombragée.

Vous pouvez semer le muguet dans une terre légère, mais attention : la floraison ne commencera que la troisième année.

La plantation de griffes est beaucoup plus rapide : après avoir acheté les griffes en jardinerie, il vous suffit de les planter vers le 5-6 avril, sur une bâche de serre. Maintenez la terre humide, à l'obscurité totale, pendant huit jours : vous obtiendrez ainsi une floraison trois semaines plus tard.

Vous pouvez aussi planter des griffes en pot, ou en jardinière dans votre intérieur. Plantez les griffes dans de la mousse humide, que vous placez pendant 3 à 4 semaines à l'obscurité complète (cave, placard ou nylon noir). Après ce laps de temps placez le muguet dans une pièce bien éclairée, vous aurez une floraison 3 semaines après.

BRICOLAGE

Fabriquer une colle soi-même

Si vous voulez fabriquer une colle maison qui doit bien tenir, rien de plus facile avec de la farine et du vinaigre. Mélangez ces deux produits jusqu'à obtention d'une pâte homogène, passez le tout au micro-ondes pour faire chauffer, et voilà, ça colle.

SANTÉ

Vaincre un début de rhume

Préparez 1 litre d'infusion avec une poignée de thym (le thym désinfecte), une rondelle de citron (le citron apporte de la vitamine C) et une bonne pincée de fleur de sureau (le sureau aide à éliminer les toxines). Sucrer avec du miel et buvez de cette tisane (chaude ou froide) tout au long de la journée.

BEAUTÉ

Pour avoir bonne mine

Faites un soin express à base de miel. Appliquez sur le visage une cuillerée à soupe de miel bio mélangée à quelques gouttes de jus de citron. Cela favorise la réhydratation et donne à la peau un petit coup de fouet. Après un rinçage à l'eau tiède la peau est toute douce, une vraie peau de pêche.

petit PROVERBE

« Il faut apprendre pour connaître, connaître pour comprendre, comprendre pour juger. »

Narada

Image d'hier

Mois de Juin

**DE JUIN LE VENT DU SOIR,
EST POUR LE GRAIN BON ESPOIR**

LE coquelicot est la fleur la plus estivale, avec sa jupe rouge à larges pans flottants, sa jupe frétillante et affriolante qui laisse deviner une nudité toute proche, sa jupe qu'elle laisse tomber en un strip-tease plein de désinvolture, de charme et de liberté, sa jupe qui fait rêver aux îles, à la chaleur, aux plages, à l'adolescence et à ses péchés, sa jupe qui s'effeuille si facilement et qui met du piquant juste ce qu'il faut à ce vêtement féminin plein de mystère, si incitant dans sa danse naturelle aux yeux du souvenir chez tout homme normalement constitué. Et quand c'est tout un talus de jupes qui s'offre inopinément au regard du promeneur, tout un collège de jeunes filles en vacances, cette abondance de beautés qui jouent sous le soleil a de quoi déstabiliser n'importe qui.

Pere Verdaguer

*La vanité, la honte, et surtout le tempérament,
font souvent la valeur des hommes,
et la vertu des femmes.*

François de La Rochefoucauld (Réflexions et sentences morales) 1665

Le nouveau franc

Si en 1958, la France affiche une croissance convenable et le plein emploi, elle est marquée par la guerre d'Algérie et le déficit budgétaire toujours pas comblé depuis 1931, laissant planer des dysfonctionnements économiques qui menacent le pays dans sa crédibilité internationale, s'il ne poursuit pas vaillamment son action de modernisation lancée à la Libération.

Cette crise ramène le général de Gaulle au pouvoir pour faire face aux trois affaires qui menacent la France : l'Algérie, la réforme de l'État, et la situation financière. Le général va donc devoir résoudre ces problèmes, dont les déséquilibres économiques vont être une priorité.

C'est ainsi qu'après maints remous au sein du gouvernement, de coups de gueule en coups d'éclat et coups bas, le 27 décembre 1958, le Conseil des ministres adopte le Plan Rueff-Pinay qui prévoit la création du nouveau franc. Cette mesure vise à assainir le budget et à assurer l'intégration économique de la France dans l'aventure européenne envisagée pour apporter la paix.

Le « nouveau franc » ou « franc lourd » entre en vigueur le 1er janvier 1960. Un nouveau franc vaut 100 anciens francs. Il est par ailleurs défini par 180 mg d'or fin (contre 290 pour son prédécesseur). En 1963, le « nouveau franc » redevient le « franc ».

Entre 1963 et 1969, le franc connaît une période de relative stabilité. En 1967, un début de surchauffe économique inquiète les autorités monétaires. On relève une légère augmentation de l'inflation, notamment du coût des matières premières et des métaux précieux. Les événements du printemps 1968 ne laissent pas le franc indemne, et le 8 août 1969, le franc est dévalué de 11,1 % (sa valeur est portée de 180 mg d'or fin à 160 mg). En 1970, à l'instar de la plupart des pays occidentaux, la France abandonne l'émission de la pièce en argent de 5 francs pour la remplacer par un alliage en cuivre-nickel.

Le 15 août 1971, les États-Unis suspendent la convertibilité du dollar en or. C'est la fin du système institué par les accords de Bretton Woods. Le 10 avril 1972, le Serpent Monétaire Européen (SME) est créé par l'accord de Bâle qui institue « le change flottant », autorisé à varier à la hausse comme à la baisse dans les limites de 2,5 %. Le SME préfigure la future monnaie européenne.

En octobre 1973, le premier choc pétrolier a un impact négatif sur le franc, tandis que le cours du mark s'envole ; entre 1969 et 1979, il gagne près de 34 % par rapport au franc. Le gouvernement laisse le franc flotter à la baisse puis quitte le SME. En janvier 1976 sont signés les accords de la Jamaïque qui mettent définitivement un terme au taux de change à parité fixe. En 1980, le cours des métaux précieux s'envole.

Au début des années 1980, le franc connaît trois dévaluations : en octobre 1981 de 3 % ; en juin 1982 de 5,75 % ; puis en mars 1983 de 2,5 %. Ce seront les dernières dévaluations de l'histoire du franc. En janvier 1983, le cours du dollar américain, dopé par des taux d'intérêt à deux chiffres, dépasse pendant quelques jours les 10 francs.

Le sort du franc est scellé par la ratification en forcing du traité de Maastricht en 1992, prévoyant une monnaie unique européenne gérée par la Banque centrale européenne. À partir du 1er janvier 1999 le franc est remplacé par l'euro dans le cadre des transactions bancaires. Puis, le 1er janvier 2002, les pièces et billets libellés en franc sont remplacés par leurs équivalents en euros. Le taux de conversion est fixé à 6,55957 francs pour 1 euro. Les billets ressemblent à ceux d'un jeu de monopoly. Le prix du panier de la ménagère s'envole, et le déficit occasionné va s'aggraver avec la crise de 2008 qui est une histoire sans fin...

Le 17 février 2005 est l'échéance pour échanger les pièces à la Banque de France. En trois ans, le ministère des Finances a ainsi récolté quelque 30 000 tonnes de pièces revendues pour être fondues, ce qui a rapporté 200 millions d'euros. Le 17 février 2012 fut le dernier jour pour échanger les billets en francs contre ceux en euros. Au contraire de certains pays comme l'Allemagne ou l'Autriche qui autorisent toujours les échanges, et ne perdent ainsi pas l'espoir de revoir leur argent sortir des tiroirs, la France se voulant plus maligne, ne reprend plus les pièces et billets de son ancienne devise dormant sous les matelas. La Banque de France estime que près de 3,9 milliards de francs ne seraient pas revenus dans ses caisses, soit 600 millions d'euros qui aujourd'hui seraient bien utiles.

Lucienne Delille

Extrait de l'Almanach des Années 60, éditions CPE Romorantin
En vente chez votre marchand de journaux et sur le site des éditions CPE
www.cpe-editions.com

Juin
SERI SERA

Seri sera
Seri sera mane seretta
Seri sera mane seretta
À tè u culcone, à mè una fetta
A toi une bouchée,
à moi une tranche
Seri sera, serriola
Seri sera, serriola
Nè bastone, nè paghjola
Ni bâton ni chaudron
Nè farina macinata
Ni farine moulue
Per facci una spulendata.
Pour nous faire une punlenda

In Lavasina, cusì vicina
A Lavasina, si proche
Cusì luntana, luntana da mè,
Si lointaine, lointaine de moi
Caru frate, ùn ci pigliate
Cher moine, ne nous prenez pas
Chi simu capre chì femu imbè !
Nous sommes des chèvres qui
faisons imbè !

Seri sera, prusciu Martinu
Seri sera, prusciu Martinu
À tè pocu pane, à mè micca vinu
A toi peu de pain, à moi pas de vin
Seri sera trinca viulinu
Seri sera sonne violon
Pocu travagliu ferà Martinu
Peu de travail fera Martin
Ma farina macinata
Mais farine moulue
Da fassi una spulendata.
Pour nous faire une punlenda
Seri sera mani seretta
Seri sera mani seretta
Anderemu à a nostra casetta
Nous irons dans notre maisonnette
A coglie le fiche è l'uva
Cueillir figues et raisin
Quand'ella serà matura
Quand il sera mûr
E farina macinata
Et farine moulue
Da fassi una spulendata.
Pour nous faire une punlenda

Traditionnel d'Orezza

Le saviez-vous ? .....

RETARD (Ritardu)

"Ghjunghje à affare fattu." (Arriver un fois les choses faites, trop tard.)

Illustr. : "Basta à tene prigiunera a famiglia in casa, u tempu chì u maritu andessi à buscà i soldi affiancatu da un anghjulu custodiu minacciosu. A tecnica era sempre a listessa è a pulizza ghjunghjia sempre à affare fattu." (Il suffit de garder prisonnière la famille dans la maison, le temps que le mari aille chercher l'argent, flanqué d'un ange gardien menaçant. La technique était toujours la même et la police arrivait toujours une fois les choses faites.)
Jean-Marie Comiti, "Suspetti".

Jean-Guy Talamoni, Dictionnaire commenté des expressions corses, Prix du Livre Corse 2005, DCL éditions.

Recette

Madeleines au chocolat

Pour 12 madeleines

Pour la pâte :
140 g de farine
125 g de beurre
3 œufs
140 g de sucre
1 c. à café de levure chimique
1 sachet de sucre vanillé
Pour la garniture :
40 g de pépites de chocolat

1. Préchauffez le four à 180 °C (th 6).
2. Faites fondre le beurre à feu doux et laissez-le tiédir.
3. Dans un saladier, mélangez les œufs et le sucre jusqu'à ce que le mélange blanchisse. Ajoutez la farine, la levure chimique le sucre vanillé et continuez à mélanger.
4. Puis, ajoutez le beurre fondu. Laissez reposer la pâte 2/3 minutes. Remplissez les moules à madeleines aux trois quarts. Saupoudrez-les avec les pépites de chocolat puis enfournez pendant environ 10 minutes.

Suite de la page 55

Imaginez-vous un jeudi soir, par une nuit obscure de la fin d'automne. Un laboureur attardé se hâtait de rentrer chez lui. S'il était encore dans la campagne à cette heure indue, c'est qu'il avait tenu à finir ses semailles ce jour-là, car finir le lendemain, vendredi, c'était condamner à mourir dans l'année sa femme qu'il aimait. Il marche donc en pressant le pas, mais la nuit est noire, le chemin mauvais, le ciel orageux. Les feuilles sèches, emportées par le vent qui siffle, forment dans les airs des bruits sinistres qu'il prend pour les gémissements plaintifs d'esprits errant à travers l'espace.

Afin de conjurer leurs maléfices, il fait force signes de croix et se recommande aux saints qui protègent les vivants contre les fantômes. Le voilà sur la colline d'où il peut voir son village, mais il faut passer à côté du cimetière et il a peur. Néanmoins, il se fortifie par de nouveaux signes de croix, marmotte une prière pour le repos de ceux qui dorment en ce lieu, et passe. Mais à quelques pas plus loin, il s'arrête, frappé de stupeur, en voyant venir à sa rencontre une longue file de lumière. « Malheur à moi, se dit-il, voilà la squadra ! » et ses cheveux se dressent sur sa tête. Que faire ? Fuir ? Ce serait tomber dans une embuscade et y être assommé par l'acciaccadore.

Le désespoir lui donne du courage : il s'adosse à un pan de mur, met entre ses dents le manche de son couteau en tournant la pointe de la lame vers la squadra et attend. Cependant la procession avance toujours, bientôt un murmure confus frappe ses oreilles, enfin il entend prononcer son nom. Plus mort que vif, les yeux égarés, la figure baignée d'une sueur froide, il ne s'aperçoit pas qu'à côté de lui le mur écroulé offre une brèche par laquelle une partie de la squadra se glisse et l'entoure. Aussitôt qu'il est cerné, le chef de la squadra s'avance vers le malheureux qui ne sait plus ce qu'il fait, lui présente un objet soigneusement enveloppé, et d'un geste impérieux lui commande d'accepter ; l'autre accepte.... Au même instant la squadra s'évanouit comme une ombre vaine, et il se retrouve plongé dans l'obscurité... Des ricanements qui se perdent au loin dans les ténèbres, achèvent de le convaincre que la rencontre qu'il vient de faire lui sera fatale.

Après avoir repris un peu de courage, il ferme son couteau et se met en devoir de regagner son logis, mais il est tout engourdi ; toutefois il se remet en marche, se traînant lentement, péniblement, et avec effort affecté par une odeur cadavérique qui le suffoque, plus encore que par l'abattement de ses membres : c'est de l'objet qu'il a eu le malheur d'accepter et dont il ne peut se débarrasser que cette odeur se dégage. Arrivé près de sa porte, il veut voir, avant d'entrer, le don fatal qui lui a été fait : il tire la toile qui le couvre ; elle se déchire comme du carton pourri et laisse voir un corps blanc comme du marbre, froid comme de la glace... Horreur !... mon enfant !... Et ses yeux se voilent, la tête lui tourne, il chancelle et tombe pour ne plus se relever...

Antoine-Lucien ORTOLI, 1887

Expression
AVOIR QUELQU'UN DANS LE COLLIMATEUR

Cette expression, qui signifie « surveiller » quelqu'un de près avec hostilité », renvoie au collimateur, dispositif de visée qui permet d'ajuster un tir avec une arme.

Celui qui est ainsi la cible de la visée, celui qui est dans le collimateur, peut donc être considéré comme étant très temporairement sous surveillance étroite, jusqu'à ce que le tir ait lieu ou que la visée soit abandonnée.

Lundi **1er** Justin — semaine 23

Mardi **2** Blandine ●

Mercredi **3** Kévin

Jeudi **4** Clothilde

Vendredi **5** Igor

Samedi **6** Norbert

Dimanche **7** Gilbert

UN UNIVERS DE PARFUM

Cette île fait les hommes à son image, rugueux comme les montagnes, violents comme la mer, paisibles parfois ou, à l'inverse, remuants comme les grands voyageurs.

La richesse impalpable de cette terre et la magie que dégage le sol font les corses singuliers.

J'en connais un qui correspond à cette définition nomade puisqu'il se partage entre Ajaccio, Paris, New-York et ailleurs, si besoin est...

Il y a du méditatif et de l'esthète chez Xavier Torre, amoureux inconditionnel de ce grain de beauté posé sur la Méditerranée. Il s'est frotté à d'autres cultures ce qui lui a donné une belle ouverture sur le monde, mais jamais il n'a pu oublier cette île qui est un conservatoire d'odeurs mêlées.

C'est à la naissance, c'est là que tout commence, qu'il a respiré ce pays pour la première fois. Et jamais, cette sensation ne s'est effacée en lui au point, qu'en 2008, il crée la marque Testa Maura. La particularité essentielle de sa ligne de produits est ce reflet des matières premières bio toutes issues de sa terre de Corse. Pour parler clair, ses parfums ne contiennent aucune molécule de synthèse. Ils sont, dit Xavier Torre, « plus riches, plus profonds, plus sauvages ».

A y regarder d'un peu plus près, ils sont une sorte de nuancier olfactif de l'île : romarin, agrumes, népita (menthe sauvage), lauriers, eucalyptus, lavandin, lentisque ou immortelles, ils expriment, chacun à sa manière, la biodiversité insulaire.

Primu spiritu premier esprit de la marque (non d'origine que l'on donne aux premières gouttes issues de la distillation), décline une ligne de bougies qui célèbre la nature corse toute entière.

Testa Maura développe des collections de produits pour le corps, mais aussi Bucolica qui sont des eaux de parfums, Capo di Feno, des cosmétiques et une eau de toilette à base d'immortelle. Le credo de Xavier Torre tient en peu de mots : « tout part de la matière brute à retravailler sur un mode contemporain pour provoquer une réelle secousse émotionnelle ».

Outre l'amour qu'il porte à sa terre natale, la préoccupation de ce créateur de parfums est son respect de la nature. De la collecte des matières premières à la mise en culture et une fabrication qui préserve l'environnement, de la plante à son conditionnement final, le souci de cet homme est double : privilégier le développement durable et l'innovation.

Pionnier du bio dans la haute parfumerie, Xavier Torre a donné à ses créations de noms des villages où sa famille a implanté ses racines : Loriani au cœur des montagnes dans le Nord de la Corse et Carticasi, le village de sa mère, là – et ce n'est sans doute pas un hasard – où il a construit son atelier.

Au bout du compte, ce spécialiste de l'art contemporain traduit sa recherche dans des termes qui lui ressemble : « une peinture avec des notes olfactives hors du commun à diffuser pour le plaisir des sens et un bien-être immédiat.

Jérôme Camilly

Lundi **8** Ménard — semaine 24

Mardi **9** Diane

Mercredi **10** Landry

Jeudi **11** Barnabé

Vendredi **12** Guy

Samedi **13** St Antoine de P.

Dimanche **14** Fête des pères

LE BIEN NOMMÉ

Antoine était né un soir de Noël. Par hasard.

Cette coïncidence avait enchanté le cercle de famille qui – à l'image de la fable – avait « applaudi à grands cris ».

Aussitôt, on l'avait baptisé et affublé de prénoms qui flattaient quelques membres de sa parentèle. Il était devenu : Antoine, Jérôme, Claude, Ange, Luc… pour perpétuer la mémoire de ses grands-pères, oncles et cousins.

La lune n'avait pas menti, elle avait prévu que naisse un garçon…

Petit, les traditions et les coutumes ne le concernaient pas. Il y était à peu près étranger. Ces histoires de mazzeri, de mauvais œil, d'huile frémissante ne le touchaient pas.

Jusqu'à l'âge de quinze ans, Antoine avait traversé sa vie, distraitement, dans un climat d'insouciance. Pour lui, le monde se résumait au paysage insulaire à qui le soleil, à chaque heure du jour, donnait un relief différent, à la mer, familière et belliqueuse, lisse et tourmentée.

Il suivait le va-et-vient des moutons paisibles dans les prairies et dans les pacages. Pour ces animaux, Antoine avait une sorte d'affection. Peut-être était-ce lié à sa naissance, à l'image catéchisante de l'étable et de la chaleur animale qui entouraient l'enfant Jésus.

L'ordre du monde lui paraissait immuable et il ne lui serait pas venu à l'esprit d'en contester la marche.

Un matin, au sortir de l'adolescence, Antoine se sentit, soudainement, Corse, par la naissance, et méditerranéen de cœur, lié à la mer comme à un bain amniotique qui l'aurait lavé de toutes les salissures de la vie.

Son anniversaire se confondait avec les festivités religieuses et païennes, si bien que les années passaient sur lui sans qu'il ait le sentiment d'avoir gagné ou perdu une année.

Pourtant, il prenait, de plus en plus, la dimension de ce qui l'entourait. Il évaluait mieux le petit monde dont il était issu. Il tenait à faire coïncider ses souvenirs d'enfance avec la réalité, conscient que l'on ne convoque pas sa mémoire, mais qu'elle s'impose d'elle-même. Difficile d'éclairer les zones d'obscurité pour emprunter les sentiers de la nostalgie.

Pour ne dépendre de personne, Antoine avait planté des oliviers, des figuiers et un palmier.

Un jour, il se découvrit une identité à travers sa langue, parce que la langue c'est ce que nous avons de plus intime. De plus précieux. Elle sert de véhicule à la culture, elle rapporte les évènements du passé, elle raconte les soubresauts de l'histoire insulaire. Elle caresse avec les mots de la tendresse, elle injurie avec des expressions affûtées comme des stylets.

La langue, elle dit bien de quel pays on est, ce que l'on conteste et ce que l'on revendique.

Antoine avait investi, en un jour, un vocabulaire qui lui était aussi familier que son village.

La lune n'avait pas menti, il était issu de cette terre et c'est à cette terre qu'il retournerait.

Jérôme Camilly

Lundi **15** Germaine — semaine 25

Mardi **16** Aurélien

Mercredi **17** Hervé

Jeudi **18** Léonce

Vendredi **19** Romuald

Samedi **20** Silvère

Dimanche **21** ÉTÉ

Juin

CAFÉ DE LA MARINE

… J'ai le souvenir que l'un d'entre nous, je ne sais plus qui, chantait : « … les belles z'auront la folie en tête et les z'amoureux du soleil au cœur… »

Le temps des cerises, c'est une partie de campagne en chanson, jumelée à un mariage.

Dans la tête, les images se chevauchent, il y a cette musique nonchalante qui traîne ses accords, associée aux pendants d'oreille, fruits rouges de la passion.

C'est, quelquefois, au hasard d'un mariage, que l'on rencontre l'âme sœur. Phénomène d'émulation, peut-être, la fête vous rend insouciant, le vin nous fait euphorique… « … les belles z'auront la folie en tête… »

Le temps qui passe, on voudrait le mettre en bouteille, temps de printemps ou temps d'automne, pourvu qu'on ait l'ivresse.

… À propos, que celui qui a dit : « c'était le bon temps » se lève… Qu'il se dénonce !

Oui, c'est vrai, les bonheurs étaient simples et la misère se voilait la face. Quelques-uns tenaient debout, par orgueil. Beaucoup – la pauvreté aidant – prenaient la tangente de l'exil. De l'exil volontaire.

Qu'il est long le chemin d'Amérique, et qui peut dire si il y aura un retour ?

Les émigrés du Nouveau Monde ont toujours conservé leur île au cœur. Souvent désunis, chez eux, ils se regroupaient ailleurs.

Quand ils en sont éloignés, ils redeviennent, encore aujourd'hui, les doigts d'une même main, les frères d'une même terre. Qu'ils se retrouvent au Venezuela, à Puerto Rico, à Saint-Domingue ou ailleurs, c'est leur village qui occupe leurs conversations.

Pour eux, le monde est composé de cinq continents auxquels il faut ajouter la Corse.

Leur terre, c'est comme une autre peau, ça protège, ça rassure, parfois, ça fait mal à pleurer. A en pleurer de rage d'avoir choisi de partir.

… Et puis, il y a « l'Institution », l'endroit géographique où l'on est sûr de retrouver celui que l'on cherche. C'est le point de ralliement, l'endroit où le moindre sujet fait débat.

Au-dessus de l'entrée, le nom de l'établissement est inscrit en lettres capitales : Café de la Marine.

Là, certains jours, il n'est pas facile de faire régner le calme ou même d'apaiser les tensions.

Quelquefois, les querelles s'éternisent.

La politique y est locale.

La parentèle, en chuchotant, tente de faire voter pour les siens.

Les arguments sont ambigus, le projet électoral aussi.

Le parti politique est un alibi, parce qu'ici on se vote entre soi.

Quand la passion du pouvoir municipal est retombée, on peut parler d'autre chose… quoique, certaines inimitiés demeurent en suspens.

Dans les temps, à La Marine, on répétait, jusqu'à plus soif, les couplets et les refrains des barcarolles.

Les guitares, les mandolines et les violons s'accordaient patiemment avant d'aller troubler celle à qui l'on dédiait la sérénade.

Lundi **22** Alban — semaine 26

Mardi **23** Audrey

Mercredi **24** Jean-Baptiste ◑

Jeudi **25** Prosper

Vendredi **26** Anthelme

Samedi **27** Fernand

Dimanche **28** Irénée

Le Café de la Marine, c'est le carrefour des nostalgies. On y vient pour rêver à voix haute, pour se parler jusqu'à très tard.

Pour se donner l'illusion d'exister.

… Fut un temps où celui qui s'était mal comporté devait quitter le pays pour échapper à ses poursuivants.

Il s'évaporait à la nuit tombée, grâce à la complicité d'un pêcheur et, les jours succédant aux jours, son forfait perdait en gravité.

Tant et si bien que l'on ne savait plus trop de quoi il s'était rendu coupable.

Et comme chacun racontait la sienne, on ne savait plus qui croire.

Certains fuyards revenaient au bout de quelques années, bénéficiant d'une amnistie générale.

L'oubli avait lavé la faute et le non-dit collectif avait fait son œuvre.

Jérôme Camilly

Expression

NE PAS AVOIR FROID AUX YEUX

Se dit de quelqu'un qui n'a pas peur, qui est courageux et audacieux. Au XVIe siècle de nombreuses locutions du même genre existaient, mais elles étaient toutes formulées de manière affirmative : par exemple avoir froid aux pieds (être jaloux), avoir froid aux dents (avoir faim)… L'hypothèse serait donc, selon *Le Robert,* qu'une ancienne forme eût été : avoir froid aux yeux (être lâche). On retrouve la forme négative que nous connaissons aujourd'hui dès le XIXe siècle.

Lundi **29** Pierre, Paul

semaine 27

Mardi **30** Martial

à faire

JARDIN

Pour avoir de belles jardinières

La jardinière doit avoir des dimensions assez grandes afin que le végétal que vous y mettrez puisse trouver suffisamment d'éléments nutritifs, pour son bon développement. N'oubliez pas de faire des orifices au fond pour l'évacuation des eaux d'arrosage ou de pluie, car les racines des plantes ne peuvent vivre dans un milieu gorgé d'eau. Déposez un lit de gravier au fond de la jardinière pour un bon drainage et pour éviter l'obstruction des trous.

Quel mélange terreux devez-vous utiliser pour vos jardinières ?

Vu l'exiguïté des récipients, il faut une terre riche. Mélangez une partie de terre de jardin assez fine à deux parties de terreau, il est recommandé d'y ajouter un bon engrais complet. Remplissez la jardinière jusqu'à 2 ou 3 cm du bord supérieur. Voilà c'est prêt pour la plantation.

BRICOLAGE

Dégripper des portes qui coincent

Quand vous avez des portes qui coincent ou des rideaux qui glissent mal sur leur tringle, il vous suffit de prendre une feuille de papier sulfurisé et de frotter l'endroit qui coince, ou la tringle, et vous verrez, miracle, ça glisse tout seul.

SANTÉ

Lutter contre la couperose

Évitez les brusques changements de température, l'eau froide ou très chaude. Pour enrayer un début de couperose, baignez les parties atteintes d'une eau dans laquelle vous aurez fait bouillir des feuilles de laitue.

BEAUTÉ

Lutter contre la cellulite

Préparez des cataplasmes. Faites bouillir 2 poignées de feuilles de lierre grimpant dans 1 litre d'eau pendant 15 minutes. Filtrez et laissez tiédir. Imbibez des compresses avec cette préparation. Laissez poser ces compresses une dizaine de minutes sur les zones à traiter.

petit PROVERBE

« Ce n'est qu'avec les yeux des autres que l'on peut bien voir ses défauts. »

Image d'hier

Mois de Juillet

JUILLET SANS ORAGE, FAMINE AU VILLAGE

LE lycée et sa structure futuriste sont encore déserts, mais un certain nombre de voitures sont déjà garées au parking. Les candidats et les candidates ont mal dormi, mais sont contents de se retrouver en ce jour d'épreuve, ce dernier jour d'école. Il est de mise de cacher son stress et on n'y réussit pas trop mal. Les premiers groupes s'avancent, pour reconnaître la salle marquée à leur nom. Les parents, qui ont encore plus mal dormi qu'eux, ne se connaissent pas mais se comprennent et se sourient. Leur protection est tout à coup tombée dans le vide. Ils regardent leur progéniture s'éloigner et se souviennent qu'il y a longtemps eux-mêmes… Une page est tournée aussi pour eux, mais c'est un éternel recommencement.

Pere Verdaguer

Pères, de vos enfants guidez le premier âge,
ne forcez point leur goût, mais dirigez leurs pas.

Voltaire (Stances, XXVII) 1715

HIRONDELLE (MANUFRANCE)

Hirondelle est la marque de cyclomoteurs distribuée par la société Manufrance, célèbre société de vente par correspondance, (Manufacture d'armes et cycles de St-Etienne) à partir de 1948.

Chacun se souvient du catalogue annuel disponible. Qui ne s'est pas amusé, étant enfant, à découper des images dans ce catalogue?

La première Hirondelle est équipée d'un moteur VAP à galets fixé du côté gauche sur le moyeu de la roue arrière. Il s'agit d'un cadre de vélo tubulaire sur lequel est rajouté un moteur. C'est le début de l'ère des cyclomoteurs.

Manufrance fera appel à de nombreux motoristes pour équiper ses cyclomoteurs Hirondelle, tels que Le Poulain ou Lavalette.

À la fin des années 50 Manufrance présente à son catalogue un cyclomoteur muni d'un moteur Lavalette d'une puissance de 1,8 ch pour une cylindrée de 49,6 cm^3 dans un cadre en acier, avec un embrayage « multimatic » autorisant une vitesse pouvant aller jusqu'à 45 km/h. Sa fourche avant télescopique et ses suspensions arrière lui permettent une bonne stabilité. Ses jantes sont chromées. Il existe en finitions Standard et Super Confort.

En 1954 Manufrance proposera un cyclomoteur Hirondelle baptisé « Velorobot » équipé d'un moteur Junior de 50 cm^3, et d'un embrayage automatique, de couleur bleu émaillé. En option il peut être doté d'une fourche AV télescopique.

En 1962 Manufrance intègre à son catalogue le modèle cyclo-sport C 104 avec un moteur Lavalette Morini à 3 vitesses d'une cylindrée de 49,6 cm^3. Il peut atteindre la vitesse de 60 km/h. Il est d'une couleur marron orangé avec un carénage sous le réservoir de selle qui lui confère une allure très particulière. Ce sont les établissements Follis à Lyon qui fournissent ce type de cyclo-sport à Manufrance.

***

Les cyclomoteurs Hirondelle figuraient sur le fameux catalogue annuel Manufrance qui était dans presque tous les foyers. Le slogan de l'entreprise, « Tout ce que vous pouvez désirer se trouve dans le catalogue Manufrance », se confirmait pleinement à cette époque. Par ailleurs la revue mensuelle *Le Chasseur Français* propriété de Manufrance, était un support idéal pour la publicité.

Les vélos de marque Hirondelle équipaient les agents de police qui « volaient » à deux dans les années 50, et la légende dit que ce marché est à l'origine du nom familièrement donné aux contractuels :« les hirondelles ».

À partir de 1964 un nouveau partenariat avec les établissements Jeunet à Dôle permet à Manufrance de promouvoir de nouveaux modèles à son catalogue équipés du moteur Lavalette de 49,6 cc pouvant atteindre une vitesse de 50 km/h :

– Luxe : fourche AV renforcée et frein AV cantilever, frein AR à tambour ;

– Grand Luxe : fourche AV télescopique ;

– Super Confort : suspension AR avec amortisseurs, échappement muni d'un silencieux ;

– Sport : réservoir de selle, selle biplace, suspensions AV et AR, guidon sport, couleur 2 tons rouge et blanc ou jaune et noir.

Faute de renouvellement la fabrication de cyclomoteurs Hirondelle Manufrance s'arrêtera en 1968.

Jany Huguet

Juillet

QUATRE PETITS MOTS TERRIBLES

Cette fin d'après-midi du trois septembre, je revenais d'une cueillette de cèpes qui m'avait conduit jusqu'à la hêtraie des Terre Piane. Une brève averse était tombée, le temps de rafraîchir l'air et d'imprégner le village d'odeurs de terre mouillée. Entre les maisons se coulaient des troupeaux de brumes que bousculaient de furtives sautes de vent.

Lampafocu avait quitté un moment sa forge. Il avait rejoint sous le tilleul Petru Pà qui, devant son établi mettait fin au bâillement d'une chaussure de Jean-Simon. Voulant tirer parti de son immobilité forcée, il avait demandé au forgeron de « lui faire la coupe ». Car être le coiffeur du village faisait partie des fonctions dévolues au colosse. Même s'il arrivait que la chevelure fût affligée de quelque disgracieux « escalier » nul ne s'embarrassait de considérations esthétiques, d'autant que sa prestation évitait de se rendre en ville et qu'elle était bénévole. Les trois hommes échangeaient quelques mots au sujet d'une brebis de Jean-Simon égorgée par un chien errant. De sous le porche d'une maison voisine où la pluie avait fait se réfugier les joueurs de belote, partaient les éclats de voix consécutifs à une contestation autour d'un point opposant l'instituteur au curé.

Et soudain, la quiétude de cette fin de journée est troublée par des bordées de jurons venant de notre ruelle, couverts par moments de braiments aux modulations désespérées. Un attroupement se forme. Lampafocu a abandonné sa tondeuse et accourt, suivi de Petru Pà, rejoint par les joueurs de cartes. ***Prete*** Marcellu a retroussé les manches de sa soutane.

La cause du désordre est l'irrépressible montée de désir de Joyeux, l'âne du boucher ambulant, au passage de Mora, menée par Divigone qui regagnait sa maison. Ce sont les effluves amoureux de l'ânesse qui ont déclenché l'assaut du mâle, lui faisant oublier que l'un et l'autre étaient attelés.

De la poutre servant de gibet aux porcs qu'on dépeçait, l'œil plus malicieux que jamais, Negrone*, impassible, savoure la scène.

Divigone n'a eu que le temps de sauter de la charrette. Au milieu de la mêlée, dans un enchevêtrement de roues, de harnais et de brancards, les jambes avant appuyées sur la croupe de Mora, le sexe lui battant l'abdomen, Joyeux, s'acharne à aller jusqu'au bout de son ardeur. Des ruades répondent à la pluie de coups de bâton destinés à la tempérer.

Le curé s'est emparé du licou de Mora et essaye de maîtriser l'animal. Pour empêcher de verser, la charrette où, enveloppés dans des linges blancs, se balancent les quartiers de viande, Petru Pà et Lampafocu se sont agrippés aux ridelles. Empêtrés dans les lanières et les brancards, se rejetant la responsabilité de l'incident, Divigone et le boucher tentent de démêler les attelages tout en s'invectivant. Tout autour, chacun y va de son conseil ou de son aide, accentuant la confusion. Julien qui passait par là a attaché une corde à l'arrière de la charrette du boucher. Il m'en tend l'autre bout pour que je la passe dans un des anneaux d'acier scellés dans une façade. A mon tour, je tends la corde à Lampafocu qui s'y arc-boute. Trois autres s'accrochent à l'arrière de la charrette et tirent. Après un ultime assaut, Joyeux commence à reculer.

Tout avait fini par rentrer dans l'ordre : sitôt les deux ânes attachés à une distance respectable l'un de l'autre, tout le monde avait rejoint le troquet de Natale avec Divigone et le boucher qui étaient passés des échanges d'injures à celles de tournées de pastis. Installés avec les autres autour du comptoir, tous commentaient l'incident avec force exégèses sur la manière d'atteler ou de dételer les bêtes, tout en multipliant avec des sourires entendus les allusions sur la vigueur de Joyeux.

C'est alors qu'Ours-Marie était entré. Au lieu de gagner le comptoir, il restait immobile dans l'encadrement de la porte. Tout le monde s'était tu, pressentant que ce qu'il s'apprêtait à dire marquait la fin du vaudeville. Il avait seulement lâché quatre petits mots :

<< C'est la guerre ! >>

Quatre petits mots terribles qui n'en finissaient pas de mordre le silence.

Jean-Claude Rogliano
Une danse immobile

* Négrone : corbeau apprivoisé par un villageois

Expression

DE BUT EN BLANC

Cette expression, qui signifie « brusquement, sans détour ni précaution », serait née au XVIIe siècle. Elle puiserait son origine dans l'art du tir, le but, ou butte, étant l'endroit d'où l'on tire, et le blanc, la cible. De but en blanc, fait donc référence à un tir tendu, direct, sans détour.

Juillet
SINFUNIA NUSTRALE

Ti vogliu accumpagnà nant'u chjassu di e fole
È di lu nostru sunnià di a nostr'identità
Ti vogliu fà sapè i nostri li sicreti
È lu nostru lu piacè di sparteli cun tè
È ritruvà cusì in issi visi culpiti
Ciò chì feci sbuccià quì u granu da fiurì
Annacquà lu per fà rinvitulisce l'anima
Ch'addombra u to campà è a to verità
Issi castagneti abbandunati è isse muntagne arruvinate
Isse case à l'ochji serrati è isse donne ammantate
Issi fiori chì si sò piattati, l'ochji arritrosi di e fate
È issi mazzeri sminticati in isse petre chjinate
R : Simu sempre in viaghju sottu à listessu maghju
Nant'un batellu scemu ver' di l'orisonte stremu
È simu sempre uniti da curà i feriti
Ver' di li nostri sogni sopr'à li scherzi è li vergogni
Vogliu scopre cun tè ciò chì hè statu nascostu
I valori è lu sapè u prezzu di l'avè
È po' fà ti scuntrà isse ghjente di magia
Chì ti facenu sperà in un mondu à rinuvà
Issu voceru chì fù ridottu à lu silenziu
E bellezze è le virtù ciò chè tù ùn sai più
Issu cantu spartarà l'umanu di dumane
Chì cunnosce u parlà di radiche è cambià
Isse voce chì funu incabbiate, e morre è po' l'impaghjel-late
Issi chjerchji è sciupetti imburrati, issi ghjochi passiu-nati
I nostri vechji imprigiunati chì c'incantavanu e serate
In isse casette illuminate da fucone è cantate
R : Simu sempre in viaghju sottu à listessu maghju
Nant'un battellu scemu ver' di l'orisonte stremu
È simu sempre uniti da curà i feriti
Ver' di lu nostru avvene incù issa sperenza chì ci tene.

à faire

rendez-vous

Mercredi 1er Thierry

Jeudi 2 Martinien ●

Vendredi 3 Thomas

Samedi 4 Florent

Dimanche 5 Antoine

Recette

Gelée de groseilles

Pour 4 personnes

1 litre de jus
750 g de sucre cristallisé

1. Égrenez les groseilles et mettez-les à crever sur le feu avec un peu d'eau. Passez-les dans un linge bien attaché avec une ficelle et laissez-les s'égoutter dans un saladier.
2. Mesurez le jus et ajoutez 750 g de sucre cristallisé par litre de jus recueilli.
3. Faites cuire et écumez. Vérifiez si la consistance est satisfaisante en prélevant quelques gouttes déposées sur une assiette froide. Mettez en pots la gelée encore chaude.
4. Couvrez le lendemain

NOTRE SYMPHONIE

Traduction

Je veux t'accompagner en ces chemins de légendes
De nos rêves d'Identité
Te faire connaître nos secrets
Et les joies du partage
Et retrouver ainsi, en ces visages ciselés
Ce qui fit éclore les semailles du renouveau
Irriguer ce qui ravive cette âme
Où s'abritent ta vie, ta vérité.
Ces châtaigniers oubliés et ces montagnes abandonnées
Ces maisons aux yeux clos et ces femmes endeuillées
Ces fleurs dissimulées en le regard perdu des fées
Et ces « mazzeri » pétrifiés par l'oubli.
R : Nous faisons tous ce même voyage
Vers d'impensables horizons
Nous sommes tous unis pour soigner nos blessures
Et aller vers nos rêves, par-delà les offenses et les affronts
.Je veux découvrir avec toi ce qui nous fut caché,
Nos savoirs nos valeurs, le vrai prix des choses
Et te faire connaître la magie de ces gens
Qui savent porter l'espoir d'un monde meilleur
Cette complainte qui fut réduite au silence
Ces beautés et vertus que l'on ne sait plus
Ce chant fera se lever l'Homme de Demain
Qui porte en son langage Mémoire et Devenir
Ces voix qui furent emprisonnées, ces chants toujours renouvelés
Les jeux dérisoires et passionnés de l'enfance
Et nos anciens qui donnaient vie à nos veillées
Réchauffant de leurs feux et leurs chants nos maisons.
R : Nous faisons tous ce même voyage
Vers d'impensables horizons
Nous sommes tous unis pour soigner nos blessures
Et aller vers cet avenir que nos espoirs dessinent.

Jean-Charles Papi
Canta u Populu Corsu

semaine 28

Lundi **6** Mariette

Mardi **7** Raoul

Mercredi **8** Thibault

Jeudi **9** Amandine

Vendredi **10** Ulrich

Samedi **11** Benoît

Dimanche **12** Olivier

PARIS – LYON – MÉDITERRANÉE
CFD
LES CALANCHE DE PIANA
SERVICES AUTOMOBILES D'EXCURSIONS AUTOUR D'AJACCIO

LES REVENANTS

La croyance aux revenants est générale ; en plusieurs pays on croit que lorsqu'une personne doit mourir, les morts habillés en pénitents viennent la prendre pendant son sommeil la placent sur une civière et la conduisent au, cimetière, où avec toutes les cérémonies usitées, ils font le simulacre de l'enterrer. Ils battent le tambour deux fois pour les femmes et trois fois pour les hommes.

Les « mortalaie » ont le don de voir les revenants dans l'exercice de leurs fonctions, et de les montrer à n'importe qui, mais seulement à minuit sonnant. Il s'est trouvé des femmes curieuses qui ont voulu voir la procession des morts revenants à minuit sonnant; quelquefois les mortalaie ont cédé à leur désir ; à minuit sonnant, ils leur disent : « Mettez votre pied sur le mien et regardez » ; elles ont vu la procession, mais, elles n'ont pas tardé à mourir ou à devenir folles.

Si deux personnes jurent que la première qui mourra viendra dire à l'autre ce qui se passe au-delà de la tombe, celle qui est morte revient sûrement, et celle, restée vivante sent avec effroi une main se poser sur elle pendant la nuit ; elle ne tarde pas à être malade, souvent à mourir.

Les bruits insolites qu'on entend dans la maison sont causés par les âmes en peine qui viennent demander des messes ou qui sont forcées de révéler quelque secret qu'elles ont oublié, ou qu'elles n'ont pas voulu dire. Ces âmes sont obligées de faire du bruit, car elles ne peuvent parler que si on leur a dit : Anima benedetta della parte di Dio parla e dii to bisoqui. Ame bénie, de la part de Dieu, parle et dis ce dont tu as besoin. Il faut que cette formule soit répétée trois fois.

Après sa mort, le général de G. est apparu trois fois à son pêcheur, pour le prier de dire quelque chose à sa veuve ; comme celle-ci ne voulait pas y ajouter foi, il revint et lui fit dire que pour s'assurer qu'il était revenu, elle n'avait qu'à faire desceller le marbre de l'autel de leur chapelle, et qu'elle y trouverait un sac d'argent caché. La dame prit l'argent, mais elle ne voulut pas croire, au moins ostensiblement, au conte du pêcheur.

Lorsqu'une personne avant de mourir a fait un legato pio (legs pieux), laissant ce qu'elle possède à la condition que le légataire fera dire par an tant de messes pour le repos de son âme, si le légataire

ne s'en acquitte pas, il est menacé des plus grands malheurs, et l'on cite des familles qui ont été malchanceuses et maudites pour ne s'être pas acquittées du « legato pio ».

Il faut faire la veille de la fête des Morts une provision d'eau ; qu'on laisse devant la porte d'entrée de la maison, car les morts reviennent cette nuit-là ; s'ils ne trouvent pas d'eau, les plus grands malheurs arrivent dans la maison, et quelqu'un est assuré de mourir. Aussi on à soin de remplir le soir tous les seaux, afin qu'en arrivant les morts puissent boire.

Julie Filippi

Le saviez-vous ?...

SAVOIR-VIVRE
(Sindere)

« U t'aghju da imparà eiu u calateiu ! »
(Je vais te l'apprendre, moi, le savoir-vivre !)
Il s'agit d'une référence au « Galateo » de Mgr della Casa (1503-1589), traité de savoir-vivre. En italien, « Comportarsi secondo il galateo » signifie « Agir selon les convenances. »
Illustr. : « Un mi rompe pô la borsa O t'amparu u calateju ! »
(Ne me casse pas la bourse
Ou je t'apprends le savoir-vivre !)
Vittoriu Gianviti d'Altimonti, « Nozze comiche », Inédit, 1924.

Jean-Guy Talamoni, Dictionnaire commenté des expressions corses, Prix du Livre Corse 2005, DCL éditions.

semaine 29

Lundi **13** Henri

Mardi **14** Fête Nationale

Mercredi **15** Donald

Jeudi **16** Notre-Dame Mt Carmel

Vendredi **17** Charlotte

Samedi **18** Frédéric

Dimanche **19** Arsène

Juillet
LA VENDETTA

On chuchotait à Marignana, dans les premiers jours de janvier 1848, que Massoni était secrètement revenu du bagne.

Une angoisse pesa sur le village. Les Grimaldi et les Battini, pris de saisissement, se hâtèrent d'en informer le lieutenant de gendarmerie de Vico. Ils lui dirent :

- On prétend que Massoni est revenu à Marignana. Prenez garde ! Cet homme va commettre d'épouvantables malheurs.

Or Massoni faisait appeler chez lui, un à un, ses parents, ses amis, et les interrogeait sur les événements qui s'étaient déroulés à Marignana en son absence.

Il était maigre, hâve, et avait les épaules meurtries des mauvais traitements corporels reçus au bagne. Il raconte qu'il avait été condamné à la bastonnade et à passer soixante jours dans un cachot humide, aux murs couverts de salpêtre, à la suite d'une rixe qu'il avait eue avec un Allemand, un hercule qui faisait trembler le bagne. Ils avaient joué aux cartes. Massoni avait gagné, et, au moment d'empocher la mise, deux sous, l'autre avait raflé l'argent en disant :

- Tu ne voudrais pas toucher à mon argent, sale Corse !

Ils en vinrent aux mains. Massoni le saisit par la taille, lui tenailla les hanches de ses doigts de fer ; puis, lorsqu'il chancelait, il l'assomma d'un formidable coup de poing sur la tête.

À ce souvenir le visage de Massoni se rembrunit :

- Si je ne suis pas mort pendant ces soixante jours passés avec un peu d'eau et un morceau de pain noir, gros comme le poing, c'est que Dieu ne l'a pas voulu !

Il eut un frisson dans tous ses membres et ajouta :

- Au milieu de mes souffrances, je me disais : « Si le bon Dieu te fait la grâce de retourner à Marignana, tu es un lâche si tu ne manges pas le cœur aux misérables qui t'ont fait endurer ces tortures ! »

Ses yeux noirs s'allumèrent de haine, sa bouche se crispa en un rictus, découvrant de petites dents blanches, et personne n'osa souffler mot.

Les intentions sinistres de Massoni ne faisaient plus de doute. Le bruit s'en répandit, vague et sourd, chuchoté très bas comme une nouvelle terrifiante. Il redoubla l'alarme des Grimaldi et des Battini.

Le 16 janvier, veille de la saint Antoine, Denis Grimaldi alla passer la soirée, comme d'habitude, chez Massoni, son cousin germain.

Il le trouva un fusil à la main, riant comme un fou, et les yeux égarés.

- Ora pro nobis ! Ora pro nobis ! Ora pro nobis ! se mit-il à psalmodier, en se dandinant sur sa chaise, à la vue de Grimaldi.

Il doit avoir bu, pensa Grimaldi. Il demanda :

- Qu'est-ce qu'il y a, qu'est-ce qu'il y a, ô Petru-Juva ?

Massoni donna de petits coups fébriles sur la batterie de son fusil, épaula, fit boum !... et dit :

- On va pleurer ! On va pleurer ! Oui, on va pleurer !

Puis il fut repris d'un accès de rire inextinguible qui lui faisait trembler les côtes.

- Est-ce que mon cousin serait devenu fou ? se demandait Grimaldi, inquiet.

Mais, tout à coup, les éclats de rire tombèrent, et la figure de Massoni se fit terreuse.

- Alors, vrai, dit-il, Dominique Versini est mort, bien mort ?

- Oui, il est mort, depuis deux ans, emporté par une fièvre pernicieuse.

Une douloureuse expression de rage crispa la figure de Massoni. Il s'écria !

- Mort ! Dominique Versini est mort ! Pourquoi est-il mort ? Je lui aurais si volontiers mangé le foie !

Denis Grimaldi le quitta quelques instants après. Il songeait : « Rien ne saurait parer les événements qui vont se produire. Tout ce qui doit

Lundi **20** Marina — semaine 30

Mardi **21** Victor

Mercredi **22** Marie-Madeleine

Jeudi **23** Brigitte

Vendredi **24** Christine

Samedi **25** Jacques

Dimanche **26** Anne, Joaquim

arriver arrive. Il y aura bientôt de la chair fraîche à Marignana.

En rentrant chez lui, il trouva, assis au coin du feu, son oncle, J.-B. Grimaldi, qui l'attendait depuis le commencement de la soirée, anxieux. Il s'écria dès qu'il l'aperçut :

- Eh bien, mon neveu ! On me dit que Petru-Juvani...

Il ne le laissa pas achever.

- Oui, oui, Petru-Juvani a de très mauvaises intentions. Prenez garde ! Expatriez-vous le plus tôt possible, ce soir et non pas demain, si vous tenez à garantir votre vie. À ce que j'ai vu, Petru-Juvani médite des projets sanguinaires.

Le vieux Grimaldi le remercia en tremblant :

- Je te remercie du renseignement, mon neveu. Demain je m'en irai, je quitterai ce pays maudit.

Le lendemain, Massoni sortait dehors pour la première fois. Il avait neigé abondamment dans la nuit. Les montagnes, les toits des maisons, les gros châtaigniers aux rameaux nus étaient revêtus d'une épaisse couche de neige. Le temps était doux, le ciel d'un gris indécis avec des éclats bleu d'acier, et les flocons de neige, d'un blanc de duvet, impalpables, voletaient dans l'air. Jean-Pierre Massoni alla s'asseoir à la porte de la forge de François Leca, presque contiguë à l'église et située en face de la maison Grimaldi, dont elle n'était séparée que par une distance de trois à quatre mètres. Il était dix heures du matin. La plupart des villageois étaient à la messe. Massoni était sombre ; il tenait son fusil le canon en bas, entre ses souliers, et il gardait ses yeux obstinément rivés sur la fenêtre de son ennemi.

Son cousin, Denis Grimaldi, vint à passer par là. Il comprit son dessein :

- Que fais-lu là, ô Petru-Juva ? lui demanda-t-il en riant, ne veux-tu pas venir faire un tour à l'église ?

- Non, répliqua Massoni, sans quitter la fenêtre des yeux, je n'ai pas envie d'aller à l'église ; si tu veux venir chasser le sanglier avec moi, tu me feras plaisir.

- Je ne demande pas mieux ; mais il fait froid ici, allons-nous-en chez moi : il y a un bon feu et nous boirons une bouteille de vin.

- Non...

À la même seconde, J.-B. Grimaldi surgissait sur le palier d'un escalier en bois, établi extérieurement contre la façade de sa maison. Il n'avait pas descendu deux marches que Massoni, après trois ou quatre bonds, grimpait aussi l'escalier. Le vieux Grimaldi, saisi de frayeur, n'eut même pas un geste de fuite. Il s'effaça contre le mur, craintif, comme pour laisser passer son redoutable ennemi. Mais Massoni lui cria à brûle-pourpoint, de sa voix formidable :

- Ce matin, c'est ton dernier jour ! Fais ton acte de contrition !

Soudain il, fit feu ! La balle traversa la poitrine de Grimaldi de part en part. Et le jet de sang forma, à la place du cœur, une horrible étoile rouge !... Grimaldi s'affaissa en balbutiant d'une voix mourante :

- À moi !... Pourquoi à moi !...

Denis Grimaldi, qui était resté hagard à la porte de la forge, eut la force de crier :

- Qu'as-tu fait, ô Petru-Juva ? Pourquoi tires-tu sur ton propre sang ?

Massoni répondit par un ricanement. Il dépassa les maisons de Marignana et dégringola dans le val au pas de course, cependant que, de l'église, se précipitait, sur la place, un flot d'hommes et de femmes, pâles, effarés, anxieux de connaître la victime de ce dernier crime...

Au bout de quinze minutes, Massoni était rendu à Chidazzo. Il se dirigea vers la demeure de Dominique Castellani où un autre faux témoin, Étienne Massoni, était employé comme domestique.

Mme Castellani, de la fenêtre, aperçut Massoni, blême, et marchant d'un pas saccadé.

- Ô Doumé ! ô Doumé ! cria-t-elle à son mari. Massoni vient chez nous. Il a mauvaise mine, il doit en vouloir à Stefano Massoni. Fais-le monter au grenier, vite, qu'il ne le voie pas !

Extrait de « Fleuve de Sang »,
Histoire d'une vendetta corse,
par Jean-Baptiste Marcaggi
Editions Marivole, 2013, 16

Lundi **27** Nathalie semaine 31

Mardi **28** Samson

Mercredi **29** Marthe

Jeudi **30** Juliette

Vendredi **31** Ignace de L. ●

à faire

JARDIN

Pour fabriquer un composteur

Il vous faut trouver huit palettes de bois, que vous prendrez soin d'enduire de sulfate de cuivre : ceci permettra au bois de ne pas se détériorer trop rapidement.
Construisez un mur en joignant trois palettes bord à bord. Mettez quatre autres palettes en perpendiculaire au mur de palettes, de manière à constituer trois cubes distincts.
Démontez la palette restante afin de récupérer les planches qui vous serviront à fabriquer des petites barrières qui clôtureront chaque cube : le premier cube, pour les déchets nouveaux, le deuxième pour remuer et puiser le compost, le troisième pour servir de dégagement.
Qu'est-ce qu'un compost ?
Le compost est composé de tous les résidus de légumes, végétaux, coupe de gazon, pailles broyées, feuilles mortes (attention à ne pas mettre de feuilles atteintes de maladies)... On peut y ajouter aussi les coquilles d'œufs, le marc de café, la cendre de bois... Il faut savoir que les résidus constituant un compost sont à décomposition assez lente, on ne peut les utiliser qu'après une année de fermentation.

BRICOLAGE

Visser une vis dans un mur lorsque l'on n'a pas de cheville

Si vous avez besoin d'accrocher un cadre au mur et que vous n'avez pas de cheville pour visser la vis, vous pouvez simplement mettre du mastique de vitrier autour de la vis et enfoncer cette dernière dans le trou prévu, ça ne bougera pas.

SANTÉ

Soigner un torticolis

Faites sécher une poignée de thym au fond d'une poêle. Enveloppez-la dans une gaze et mettez cette compresse autour du cou. Le résultat ne se fait pas attendre.

BEAUTÉ

Pour que les dents retrouvent leur blancheur

Brossez-les une fois par semaine avec une brosse humide imprégnée de bicarbonate de soude.
Une fois par semaine, frottez les gencives avec une demi-tranche de citron pour les fortifier.

petit PROVERBE

« Tu ne peux pas voyager sur un chemin sans être toi-même le chemin. »

Bouddha

Image d'hier

Mois d'Août

AOÛT PLUVIEUX, CELLIER VINEUX

L'EAU est vivante. Il suffit, pour s'en convaincre, de s'immerger. Vous sentirez que sous son unité apparente elle est faite d'un peuple qui grouille, qui vous tâte et explore avec circonspection en vous le nouveau venu. Elle a ses courants profonds et ses courants superficiels, qui se heurtent à vous, glissent sur vous, vous contournent. Depuis Archimède, votre respiration même pose problème à l'eau, qui à chaque inspiration vous pousse vers le haut avec un petit retard, comme un bateau. D'ailleurs vous vous sentez vous-même bateau jusqu'au bout des ongles, soumis aux lois du liquide et à ses ondulations de surface qui progressent sur votre coque et vous chatouillent. Les vagues, qui sont la seule manifestation visible de l'inquiétude de l'eau, ne sont qu'un petit aspect de cette grande palpitation.

Pere Verdaguer

La vie ressemble à une belle musique, qui charme, qui plaît, mais qui dure peu.

Christine de Suède (Maximes et pensées) 1682

Et Dieu créa... B.B.

Brigitte Bardot, née en 1934, fut entre 1950 et 1970 l'une des plus célèbres vedettes du cinéma mondial. Elle incarna pour beaucoup la sensualité et devint très vite un sex-symbol. Si elle mit une fin prématurée à sa carrière d'actrice en 1973, c'est pour se consacrer avec la même fougue à la défense des animaux.

Sa famille côtoie le Tout-Paris, dont des gens de presse, de théâtre, de mode. En 1949, elle fait la couverture du magazine *Elle* dont elle devient la mascotte. Elle est remarquée par Marc Allégret mais c'est avec Jean Boyer qu'elle tournera son premier film, *Le Trou normand*, avec Bourvil, dont elle ne gardera pas un bon souvenir... Elle tournera d'autres films dans lesquels sa beauté sera remarquée mais il faut attendre *Et Dieu créa la femme* de Roger Vadim, qui était son mari depuis 1952, pour que la starlette qui affolait les photographes du festival de Cannes et éclipsait les deux plus grandes stars de l'époque, Gina Lollobrigida et Sophia Loren, entre dans la légende du cinéma mondial. Dès lors le mythe de BB ne cessera de grandir.

Curieusement le film reçut un accueil mitigé. On critiqua même la façon de s'exprimer de Brigitte. Le film sortit alors en Amérique où il reçut un accueil triomphal. Brigitte Bardot était soudain devenue la Française la plus connue outre-Atlantique. Revenu en France, on redécouvrit le film qui remporta un succès retentissant. Brigitte Bardot devenait l'archétype du symbole sexuel.

On lui proposa alors quantité de films. Elle en tourna quelques-uns comme *Les Bijoutiers du clair de lune*, *La Femme et le Pantin*, *Une Parisienne*. Les plus grands acteurs voulaient tourner avec elle. Invitée à Londres à la Royal Command Performance, elle rencontra Marylin Monrœ qu'elle admirait. On connaît la fin tragique de la grande actrice américaine... mais Brigitte est toujours là !

En 1959 elle tourne dans *Babette s'en va-t-en guerre*, après que le scénario eut été réécrit par Gérard Oury. Elle a comme partenaire Jacques Charrier. Ils se marient en juin 1959. Elle tourne dans *La Vérité* de Clouzot. Le tournage est éprouvant car Clouzot est un metteur en scène exigeant. Mais elle peut ainsi montrer son grand talent.

Elle tourne encore *Vie privée* en 1962 avec Marcello Mastroianni, *Le repos du guerrier* et *Le Mépris* en 1963.

Elle est alors l'actrice française la plus populaire, et pas seulement en France. BB est universellement connue et ces deux seules initiales suffisent à enflammer le monde entier.

Sa popularité la fait choisir pour être le modèle du buste de Marianne. Après d'autres films comme *Boulevard du Rhum* et *Les Pétroleuses*, elle tourne son dernier film *Colinot-Trousse-Chemise* en 1973 et décide soudain d'arrêter le cinéma. Le dernier plan de ce film la montre une colombe à la main. Un symbole pour celle qui consacrera désormais sa vie aux animaux.

Gérard Nédellec

Extrait de l'Almanach des Années 60, éditions CPE Romorantin
En vente chez votre marchand de journaux et sur le site des éditions CPE
www.cpe-editions.com

LA MEILLEURE CHANSON

Conte florentin

Du temps que les ducs de Médicis accumulaient à Florence les chefs d'œuvres de la peinture et de la sculpture, un jeune homme, suivant à pied la route qui conduit à la capitale de la Toscane, arrivait au village de Casciano.

C'était un artiste.

Son nom de Borcello n'a pas été glorieusement transmis à la postérité comme celui des grands maîtres ; son talent fut modeste. Il ne laissa aucun tableau remarquable, gagna péniblement sa vie, ne recueillant pas plus de richesse que de gloire. Mais cette infériorité ne l'empêchait pas de sentir comme un autre la faim et la fatigue. Aussi en entrant à Casciano eut-il un regard éloquent pour une hôtellerie à la porte de laquelle l'hôtelier se prélassait d'un air satisfait.

Par malheur, Borcello n'avait que des vêtements en mauvais état. Ses chaussures étaient percées et sa bourse vide. La poussière de la route le couvrait tout entier et ajoutait à son air misérable. Ce sont de mauvaises conditions pour s'assurer une bonne réception.

En le voyant approcher avec une timide hésitation, l'hôtelier quitta son sourire épanoui et fronça les sourcils.

"Que demandez-vous ? fit-il durement.

- Seigneur hôtelier, répondit Borcello, ne pourriez-vous pas me permettre de me reposer et de me réconforter chez vous ? Un siège à l'ombre et les restes de votre dernier repas me feraient bien plaisir.

- Avez-vous de l'argent pour payer ? demanda l'hôtelier sans se laisser attendrir par l'aspect piteux du voyageur.

- Non, seigneur, reprit le jeune homme.

- Alors, passez votre chemin.

- Un morceau de pain ne vous ruinera pas, seigneur, et je me contenterai d'un verre d'eau.

- Vous en irez-vous à la fin !" s'écria l'aubergiste, d'autant plus furieux de cette insistance que sa conscience lui reprochait sa dureté.

Force fut à Borcello de continuer sa route. Heureusement, il rencontra plus loin une âme compatissante qui prit en pitié sa détresse, et il put gagner Florence sans nouveaux ennuis.

Deux ans après, Borcello qui avait trouvé du travail, était transfiguré par le bien-être. Une barbe soignée encadrait son visage moins amaigri par le jeûne. Ses vêtements étaient propres et ses chaussures entières. Ainsi méconnaissable, il résolut de jouer un bon tour à l'hôtelier qui s'était montré si insensible à ses souffrances.

Un jour de fête, Borcello se rendit à Casciano et pénétra hardiment dans l'hôtellerie inhospitalière. Dans la grande salle était réunie une joyeuse compagnie, et les lazzis volèrent de l'un à l'autre. Le jeune homme prit place à une table et se fit servir un copieux repas, arrosé d'un vin généreux.

Après avoir mangé de bon appétit, Borcello appela l'aubergiste.

"Seigneur hôtelier, lui dit-il, votre cuisine est excellente. Mais je dois vous faire un aveu pénible : je n'ai pas d'argent.

- Pas d'argent ! s'écria l'hôte rouge de colère. Il faut pourtant me payer, ou je vous fais jeter en prison.

Les consommateurs assemblés dans la pièce levèrent la tête à ces éclats de voix, intéressés par ce qui allait se passer.

"Oh ! je vous paierai, reprit Borcello avec le plus grand sang-froid, seulement je vous paierai en chansons !

- Je n'ai que faire de vos chansons ! C'est de l'argent qu'il me faut, repartit l'aubergiste.

- Laissez-le chanter, firent quelques buveurs séduits par la promesse d'un concert gratuit. Vous le ferez payer après.

- Je veux de l'argent, criait le bonhomme avec rage !

- Pourtant, ajouta Borcello, si je chantais une chanson qui vous plût ?

- Il n'y en a pas qui me plaise.

- Vous pourrez toujours lui dire, après l'avoir entendue, que sa chanson ne vaut rien, fit observer un des assistants.

Suite page 83

à faire

rendez-vous

Mercredi 1er Alphonse

Dimanche 2 Julien Eym.

Août
L'ENFANT CORSE

Aimez-vous les histoires corses, ou, pour mieux dire, de vendetta corse ? En voici une qui m'arrive de l'île de Colomba, et précisément de Sartène, dernier refuge de ce pauvre banditisme contre lequel on mène si rude guerre. J'ai laissé là quelques amis qui m'entretiennent encore des choses et des gens du pays. Ça n'a pas changé, m'écrivent-ils, depuis votre voyage, en 1887, et nous restons fidèles à nos mœurs comme à nos coutumes ethniques qui sont les bonnes. La Corse est l'île de l'honneur. Jugez-en, d'ailleurs, une fois encore.

Dans le triangle de maquis montagneux inscrit entre Sartène, Porto-Vecchio et Bonifacio, et qui forme la pointe méridionale de l'île, il y a, sous un contrefort du mont Scopeto, un hameau de deux cents âmes divisées par une vendetta séculaire, celle des Arboli et des Marata.

Le village est considéré par eux comme terrain neutre. Ils y vivent en face les uns des autres, et leurs maisons se regardent. Si les femmes de chaque famille se rencontrent à la fontaine ou à l'église, sur la place, et même y causent ensemble, les enfants restent séparés dans leurs jeux, et singent naïvement la haine de leurs pères. Ils en hériteront. Du reste, l'école est lointaine, quatorze kilomètres, et ils n'y vont pas. Quant au catéchisme, le recteur est un Corse lui-même et, sur la question de la vendetta, il ferme l'Évangile et corne son bréviaire. Amen.

C'est donc hors du village que la chasse commence et que les Arboli et les Marata se guettent, aux coins des monts, le fusil au dos et la poire à poudre à la ceinture, depuis un temps immémorial. Ils ne savent même plus exactement eux-mêmes la cause originelle de leur animosité héréditaire. Ils ne cherchent pas à l'établir, encore moins à l'élucider ; le virus est dans le sang, il s'y perpétue de père en fils et jusqu'aux confins du cousinage. Le meurtre d'un Arboli nécessite celui d'un Marata, et vice versa, par loi de conséquence. Ça n'empêche pas de se reproduire dans chaque clan par des mariages, consanguins, d'ailleurs, que le curé bénit à vol de cloches.

Le pays où le Code Napoléon est le moins obéi est celui où son auteur est né. Quant aux gendarmes, ses organes bottés, vous devez vous rappeler encore en quel mépris on les tient dans l'île. En abattre un dans les lentisques parfumés, c'est acquérir une gloire à la Guillaume Tell, où le bon tireur s'exalte de l'homme libre.

Antonio Arboli, fils aîné du dernier Arboli, meurtrier du dernier Marata, - car nous en étions là, à Sartène, de leur duel centenaire, - s'étant payé, l'automne dernière, la peau buffletée de l'une de ces autorités ambulantes, avait pris le mâquis et il s'y terrait comme un lapin dans les romarins. Une battue stratégique, menée par un Pandore habile, le plus habile même que nous ayons, avait débusqué le jeune bandit de sa retraite. Cerné de toutes parts, il s'était réfugié chez le curé même de la paroisse, qui

Lundi **3** Lydie (semaine 32)	Mardi **4** J.-M. Vianney	Mercredi **5** Abel
Jeudi **6** Transfiguration ◐	Vendredi **7** Gaétan	Samedi **8** Dominique
Dimanche **9** Amour		

est un Arboli, et son parent. L'asile était bon et d'un choix ingénieux, car le prêtre n'était pas homme à laisser violer son presbytère ni par des civils, ni par des militaires, et il avait décroché à tout événement un lourd crucifix de bois, de fer et de bronze, qui pendait comme une hache de panoplie sur sa couchette.

Mais, la nuit venue, Antonio avait eu honte de la situation funeste où il plaçait le pauvre révérend en temps de République, et, bondissant par la lucarne du grenier, il avait pris sa course dans le village. Comme il passait devant la maison des Marata, il en vit la porte ouverte. Sur le seuil, Cara Marata, dame du logis, tordait le linge du mois, dont son petit garçon lui passait les pièces. L'enfant s'appelait Jean. Il avait six ans.

Antonio regarda la mère, et, d'un geste, sans un mot, il lui indiqua le presbytère, d'où venait un bruit de bottes et de sabres.

- Entre ! fit la femme corse.

Et elle tira la porte sur l'hôte.

Or, ne l'oubliez pas, le bandit traqué n'était autre que le fils aîné de l'Arboli qui avait tué le beau-père et oncle de Cara, soit le vieux Paolo Marata, propre père du chef actuel de la famille, père à son tour du petit Jean. Ce chef s'appelait lui aussi Paolo, comme le trépassé, et c'était entre lui et Antonio qu'était « la chemise sanglante ».

Donc Paolo rentra chez lui pour la soupe. – Journée perdue, fit-il, en déposant fusil et cartouchière. Je l'ai cherché là-haut, dans le mâquis, jusqu'à la chute de la lumière. Pas d'Antonio Marata. – Il est ici, dit simplement la femme. – Ah ! chez nous ? – Le village est occupé par la gendarmerie. Écoute. – Tu as bien fait, déclara Marata, un peu pâle. Mais je ne veux pas le voir. Cache-le bien et prends soin de lui. Je vais à Sartène et j'y resterai jusqu'à son départ. – Va, et sois tranquille, ils ne l'auront pas.

Puis, comme la gendarmerie y perdait son temps et ses peines, elle évacua le village.

Le lendemain, pourtant, le brigadier y reparut. Il était seul. Tout en feignant d'avouer sa déconvenue et ses excuses faites au curé, il se renseignait auprès des commères qui, chez nous comme ailleurs, sont bavardes autour des fontaines. Tout ce qu'il en apprit, cependant, c'était que la Gara Marata était allée étendre son linge au soleil sur les arbustes odorants de la montagne. Comme les Marata étaient notoirement les ennemis nés des Arboli, la nouvelle était pour lui sans indices. Quoiqu'il fût assuré que le bandit n'était pas sorti de la commune, il ne pouvait s'arrêter raisonnablement à l'idée qu'un Arboli fût caché chez un Marata, et surtout, s'il l'était, que son hôtesse eût laissé la maison déserte à la garde d'un enfant de six ans. Mais outre que le gendarme abattu par Antonio dans la brousse était son propre frère et que l'atmosphère même du pays activait son besoin de vengeance, il se méfiait terriblement des Corses, «capables de tout, disait-il, et bons à rien». Il fit donc à tout hasard un nouveau tour dans les rues du hameau et, parvenu devant l'habitation des Marata, il y vit le petit Jean à califourchon sur la balustrade de l'avancée en terrasse où se

Suite de la page 84

Le saviez-vous ?

SALETE (Coghju)

"Si pulitu cum'è un spechju!" (Tu es propre comme un miroir!) Cette locution étant généralement utilisée par antiphrase, elle est en fait l'équivalent de l'expression française "sale comme un peigne".

Jean-Guy Talamoni, Dictionnaire commenté des expressions corses, Prix du Livre Corse 2005, DCL éditions.

semaine 33

Lundi **10** Laurent

Mardi **11** Claire

Mercredi **12** Clarisse

Jeudi **13** Hippolyte

Vendredi **14** Evrard

Samedi **15** Assomption

Dimanche **16** Armel

les vacances inoubliables
au "CORSAIRE"
A PROPRIANO
CORSE
C8
CLUB DES VILLAGES DE SOLEIL
36 RUE DE COURCELLES - PARIS 8e - TEL 227-77-80

Recette

Vin de pêches

Pour 4 personnes

2 litres de vin rosé
2 verres de kirsch
200 g de sucre en poudre
240 feuilles de pêcher cueillies entre le 15 août et le 15 septembre

1. Mettez les feuilles dans un grand bocal avec le vin et le sucre.
2. Laissez macérer une semaine dans un endroit tempéré.
3. Passez dans un linge fin, ajoutez le kirsch et mettez en bouteille.

Suite de la page 79

- Comme cela, je veux bien, repartit l'hôtelier qui désirait plaire à sa clientèle, mais avec la ferme intention de trouver mauvais tout ce qu'il entendrait."

Borcello se leva.

"Vous êtes tous témoins que je serai quitte si je chante une chanson qui lui plaise ?

- Oui ! oui ! chantez ! chantez !"

Alors, d'une belle voix bien timbrée, Borcello commença une romance sentimentale.

"Bravo ! bravo !" cria l'auditoire en battant des mains.

Mais l'aubergiste faisait la moue en murmurant qu'il n'aimait pas les romances.

Borcello entonna ensuite une chansonnette très gaie. Malgré les rires de l'assistance, l'hôtelier conserva sa mine renfrognée.

Enfin, à cette dernière chanson, Borcello fit succéder une autre dont le refrain était "Metti mano à la borsa et paya l'oste", ce qui veut dire en bon français : "Mettez la main à la bourse et payez l'hôte."

En écoutant ce conseil qui concordait si bien avec ses idées, l'aubergiste ne put réprimer un sourire et sa physionomie s'éclaira.

"Vous approuvez ces paroles ? demanda Borcello.

- Oui, oui ! Voilà ce qu'il faut faire : payez l'hôte ! payez l'hôte !

- Eh bien, puisque ma chanson vous plaît, nous sommes quittes," s'écria Borcello !

Un éclat de rire sonore retentit dans la pièce, en même temps que les cris des assistants :

"C'est vrai ! Il a raison ! Il a gagné !"

Pris au piège, l'aubergiste fut bien obligé de reconnaître sa défaite. Alors Borcello, ôtant son chapeau pour saluer l'assistance, dit à l'hôtelier déconfit :

"Je vous remercie de votre excellent repas. Je vous l'ai fait perdre pour vous punir de m'avoir refusé du pain un jour que j'étais malheureux. Tâchez que cette leçon vous serve, et n'oubliez pas à l'avenir qu'il faut avoir pitié des misérables."

Sur ces mots, le jeune homme sortit de l'hôtellerie et regagna Florence, satisfait de sa journée.

Félix Laurent

Lundi **17** Hyacinthe — semaine 34

Mardi **18** Hélène

Mercredi **19** Jean-Eudes

Jeudi **20** Bernard

Vendredi **21** Christophe

Samedi **22** Fabrice

Dimanche **23** Rose de Lima

Suite de la page 81

signe l'architecture locale de nos bastidons.

- Te voilà sur un beau cheval de pierre ! lui cria-t-il. Mais l'enfant, saisi de peur à la vue du bicorne symbolique, s'était enfui en lui faisant les cornes. – Attends, polisson ! Et le brigadier grimpa les degrés du perron. – Es-tu donc seul, fit-il, en lui pinçant l'oreille ? – Maman va venir. – Et c'est toi qui gardes la maison. A ton âge ? Tu dois t'ennuyer sans frère, sœur, ni camarades ? As-tu des joujoux ? Veux-tu que je t'en apporte d'Ajaccio ? – Oh oui ! si maman veut. – Eh bien ! mais il faut que j'y aille d'abord,à Ajaccio. Quelle heure est-il ?

Et le brigadier tira sa montre. Les yeux de Jean s'allumèrent comme tisons de braise. – C'est joli, hein ? Et ça chante. Écoute : tic. tac ; - Et il la lui mit à l'oreille. – La veux-tu ? – Oh ! oui, monsieur le gendarme. – Alors entrons.

Un quart d'heure après, Antonio Arboli, fortement garrotté, les cheveux pleins de paille et tout suant d'une lutte désespérée, descendait dans la rue sous le poing victorieux du gendarme et s'y rencontrait avec Cara Marata, muette d'épouvante. – Tu n'es pas une Corse, lui jeta-t-il. Mort aux Marata. Honte aux lâches.

L'enfant, sur le perron, écoutait, épanoui, le tic tac de la montre, et la malheureuse comprit. Elle hurla toute la nuit, comme une bête égorgée.

Au petit jour, Paolo parut : - Je sais, fit-il, j'ai vu passer Antonio enchaîné sur la place, à Sartène. Que tous les Marata soient ici, à midi, dans la maison de famille. Toi, femme, prépare l'enfant. – A quoi ? – Tu es sa mère. – Ah ! mon Dieu, Paolo, je n'ose deviner ! Mais nous n'avons que lui ! – Prépare l'enfant, te dis-je.

L'arrêt des Marata fut unanime.

Alors la mère, car il y en a de telles dans l'île de l'honneur, prit son petit sur les genoux, et doucement lui expliqua son crime. Elle lui dit en quoi il consistait, ce qui le rendait impardonnable, et de quel châtiment il fallait l'expier. – Tous les parents seront là pour te voir mourir, bien mourir, mon cher enfant. – Et toi, maman, y seras-tu ? – J'y serai, je te le promets. – Et mon papa ? – Ton papa aussi, fut la réponse. Et elle l'assura qu'il ne lui ferait pas de mal, il était le premier tireur de Corse, infaillible.

Expression

AVOIR UNE ARAIGNÉE AU PLAFOND

On dit de quelqu'un d'un peu fou, qui a des lubies sans pour autant que son comportement soit gênant ou dangereux pour les autres, qu'il a une araignée au plafond.

Cette expression serait apparue dans la deuxième moitié du XIXe siècle et aurait été utilisée par les prostituées parisiennes de l'époque. Dans cette métaphore, le plafond est le sommet intérieur de la boîte crânienne dans laquelle l'araignée, animal habitué des intérieurs un peu négligés, peut tisser sa toile sans être dérangée.

Lundi **24** Barthélémy (semaine 35)

Mardi **25** Louis

Mercredi **26** Natacha

Jeudi **27** Monique

Vendredi **28** Augustin

Samedi **29** Sabine ●

Dimanche **30** Fiacre

L'heure venue, ils conduisirent l'enfant au fond du jardin, les yeux bandés. Il avait demandé qu'on lui accrochât sur le cœur la montre « du méchant gendarme ». – Ne la manque pas, mon papa…

Et mon correspondant de Sartène termine par ce trait à la Mérimée : - Il n'a manqué ni la montre ni le cœur.

Je ne me dissimule pas l'effet de révolte sentimentale que ce récit, dont j'ai adouci de mon mieux la « corserie », produira sur les âmes un peu moites de la plupart des lecteurs. Nous sommes ici dans l'île escarpée de l'honneur, vertu bête qui, comme l'amour, échappe aux lois de la moralité et du reste n'a plus guère de poètes. Peut-être vaut-il mieux laisser au compte de l'imagination vieux jeu de mon propre romantisme une histoire qui trouvera peu de crédules. N'en parlons plus, oubliez-la, et rentrons dans la République d'affaires.

Émile Bergerat,
(1845-1923)

Le saviez-vous ?

LA SCHERPONCHIA

Il y a une bête qu'on appelle Scherponchia en patois corse ; elle a la forme d'un chien ou d'une belette et porte sur la tête une assiette eu or. Celui qui la voit est sûr de devenir riche. Beaucoup de personnes, affirment qu'ils l'ont rencontré!

Lundi **31** Aristide — semaine 36

à faire

rendez-vous

JARDIN

Arrosage de votre jardin, tout un art pour qu'il soit efficace !

Beaucoup de jardiniers se bataillent en ce qui concerne le meilleur moment de la journée pour arroser en plein été. Si vous arrosez par aspersion, c'est-à-dire par-dessus la plante, il est sûr que vous gaspillerez plus de mètres cubes d'eau, si vous faites cette opération en plein soleil, l'évaporation naturelle en prenant pratiquement la moitié. Par contre si vous arrosez le soir, non seulement la fraîcheur tiendra toute la nuit, mais favorisera l'apparition de maladies sur les plantes les plus fragiles.

Le mieux est évidemment l'arrosage du matin, même s'il n'est pas le plus pratique, car il faut vous lever tôt. Il est très efficace, car l'humidité du matin puis la chaleur de la journée favoriseront pleinement la pousse des plantes. Mais sachez qu'en cas de forte chaleur, un arrosage sur le feuillage des plantes en plein soleil peut provoquer des brûlures. Par contre, si vous pratiquez des arrosages locaux, c'est-à-dire directement au pied des plantes, vous pouvez opérer quand vous le voulez et surtout vous éviter les brûlures et maladies du feuillage.

BRICOLAGE

Un nettoyant écologique et économique

Pour nettoyer votre salle de bains, lavabo, baignoire, douche ou cuvette des wc, saupoudrez du bicarbonate de soude sur votre éponge ou bien directement sur la surface à nettoyer, puis frottez. Rincez: le tour est joué, ça brille et n'endommage pas les surfaces.

SANTÉ

Soigner un aphte douloureux

Quand on a un aphte douloureux qui s'installe dans la bouche, on souffre et il faut traiter pour que ça parte vite. Pour cela, il suffit de mettre du bicarbonate de soude directement sur l'aphte, matin et soir. Le produit ne pique pas et enraye la douleur.

BEAUTÉ

Pour atténuer les cernes

Appliquez dessus pendant quelques minutes des cotons à démaquiller imbibés d'infusion tiède de camomille, de tilleul, de thé très fort ou de bleuet. Chacun doit tâtonner pour essayer de trouver laquelle de ces infusions lui convient le mieux.

petit PROVERBE

« On se repent souvent de parler, jamais de se taire. »

Plutarque

Image d'hier

Mois de Septembre

EN SEPTEMBRE SOIS PRUDENT, ACHÈTE BOIS ET VÊTEMENTS

La règle, qui avait ses exceptions, c'était qu'il pleuve abondamment à partir du quinze août et qu'il y ait de bonnes sorties de champignons en septembre. Comme en Roussillon la montagne n'est jamais bien loin, les paysans prenaient alors un jour de vacances pour aller, d'un coup de camionnette, dans les Aspres, en Cerdagne, dans le Haut Vallespir ou à Sournia faire provision de cèpes. Les bonnes années il y en avait partout, et on pouvait même choisir, par exemple surtout des jeunes, des bouchons de champagne. Chacun connaissait quelques bons coins, de quoi se régaler quelques jours avec de grandes poêlées, et de quoi faire aussi force bocaux pour l'hiver. On faisait ainsi provision de délicieux ragoûts de veau et de pommes de terre.

Pere Verdaguer

Les femmes accusent les hommes d'être volages ;
et les hommes disent qu'elles sont légères.

Jean de La Bruyère (Les caractères, Du cœur) 1688

PEUGEOT

C'est en 1931 que Peugeot créa sa première BMA (Bicyclette à Moteur Auxiliaire) pour coller à la législation qui régit l'utilisation des vélomoteurs, à savoir : poids limité à 30 kg, vitesse maximale 30 km/h et un pédalier. Mais ce n'est pas encore un cyclomoteur.

Le premier cyclomoteur de Peugeot est le BMA 25 présenté en 1950. Il est équipé du moteur VAP à galet. En effet la transmission, très rudimentaire, se fait par frottement d'un galet sur le pneu arrière pour entraîner la roue et faire avancer le cyclomoteur. C'est un levier de basculement du moteur qui permet de mettre en contact le galet avec le pneu. En 1951 le BIMA sera équipé d'un moteur Peugeot, plus élaboré, mais toujours sans embrayage, à un seul cylindre et d'une fourche télescopique à l'avant pour le modèle grand luxe. Les freins sont à tambour et les garde-boue enveloppants. Il est muni d'un porte-bagages à l'arrière. Le Cyclomoteur BIMA sera produit par l'usine de Beaulieu-Valentigney, dans le Doubs, jusqu'en 1964.

Entre-temps, en 1957, Peugeot met au point et présente le célèbre BB Peugeot qui fera sa réputation, avec le nouveau moteur équipé de l'embrayage automatique Centri et d'une transmission par chaîne sur la roue arrière. Le catalogue propose quatre modèles :

- BB 1 N : le modèle de base ;
- BB 1 T : équipé d'une fourche télescopique à l'avant ;
- BB 1 TL : plus luxueux avec les garde-boue enveloppants ,
- BB 1 TLS : avec la suspension arrière oscillante.

Il y aura ensuite, en 1958, un cyclomoteur Peugeot plus sportif pour toucher la clientèle des jeunes et faire face à la concurrence italienne : le BB 2 SP. Il est équipé d'une boîte de vitesses à deux rapports et poignée tournante au guidon, le moteur développe 2 ch. Il deviendra le cyclo-sport de la marque. Le cadre est renforcé pour y installer un réservoir de selle et une selle biplace avec dosseret. Ce cyclomoteur est de couleur orange, puis bleu ou ocre jaune à partir de 1963.

***

En 1960 le BB 25 P a été pourvu d'une boîte de vitesse à trois rapports et d'un moteur développant 2,5 ch. Le bloc moteur avec trois vitesses équipera également le modèle classique BB 3 V à partir de 1960.

Il faut noter l'apparition au catalogue Peugeot du BB 104 en 1962. Il s'agit d'un cyclomoteur atypique qui se démarque de la concurrence. C'est un modèle entièrement caréné du réservoir jusqu'à l'arrière. Il dispose aussi d'un pare-jambes et d'un garde-boue avant volumineux. Ce type de carrosserie lui donne un aspect peu élégant, hybride entre cyclomoteur et scooter. Il sera boudé par la clientèle.

En 1966 Peugeot présente un nouveau modèle construit sur un cadre monopoutre avec un réservoir situé à l'arrière, sous la selle. Avec le même principe de gamme proposé :

- C : modèle de base ;
- CT : équipé d'une fourche télescopique à l'avant ;
- CTV : avec variateur automatique.

Il restera au catalogue deux modèles équipés d'un réservoir à l'avant.

Durant les années 1968 à 1970 Peugeot fabriquera la série des 101, jusqu'au 105 qui fera le succès des cyclomoteurs Peugeot pendant la décennie 1970.

Dans les années 1980 – 1990 les cyclomoteurs Peugeot, pour répondre à la mode, seront équipés de roues avec jantes à bâtons.

Il faut noter que la marque Terrot, fabrication d'engins mécaniques à Dijon, créée en 1887, sera absorbée par Peugeot en 1952. Peugeot continuera de proposer sur le marché des cyclomoteurs identiques aussi bien sous le nom de Peugeot que de Terrot.

Jany Huguet

Peugeot

Septembre

PORTRAIT DE SAINT-EXUPÉRY

C'est un personnage hors du commun, un homme à la trajectoire étonnante, pionnier de la ligne aéropostale de Patagonie, qui s'est projeté aux quatre coins du monde avec une générosité, une largesse de vue assez peu commune dans une période où la vision maréchaliste de ses contemporains était plutôt étriquée.

Débordant d'amitiés qui couvrent tout le spectre des opinions : anarchistes, communistes, réactionnaires, mais aussi prolixe en sentiments passionnés car la vie amoureuse de Saint Ex (plutôt méconnue) a été ardente et désordonnée. Homme de nuit, de femmes, de bars, virtuose en tours de cartes, pilote de Bugatti surpuissantes, aristocrate trompe-la-mort, ramassé quatre fois au milieu des débris de ses avions, dépensant l'argent qu'il n'avait pas , au point d'être accablé de dettes, mais n'en laissant jamais rien paraître.

Saint Ex est l'un des auteurs français les plus lus au monde, et sans doute y a-t-il un malentendu à son sujet, « Le petit prince » étant le livre que l'on cite le plus souvent, alors que ses autres ouvrages donnent la vraie dimension de ce poète, débordant d'énergie et d'imagination, qui déposera 14 brevets d'invention concernant la propulsion et la navigation aérienne.

Curieusement, ce géant distrait, bon vivant, exubérant, ne manquait pas de lucidité sur sa propre vie : « Si je suis descendu, je ne regretterai absolument rien. La termitière future m'épouvante. Et je hais leurs vertus de robots… » Et dans une autre correspondance, il s'épanche : « C'est miracle de piloter à 44 ans le plus rapide monoplan du monde. Je passe seul à bord et seul avion des cinq heures à 10 000 mètres. Cela ne me claque pas trop. Et cependant que je me promène sur la France, je continue d'être pestiféré et mes bouquins d'être interdits en Afrique du Nord… Leurs phrases m'emmerdent… et je ne comprends rien à leur vertu… La vertu, c'est de sauver le patrimoine spirituel français en demeurant conservateur de la bibliothèque de Carpentras… C'est d'apprendre à lire aux enfants. C'est d'accepter d'être tué en simple charpentier. Ils sont le pays. Pas moi, je suis du pays. Pauvre pays !

Le 20 juillet 1944, il est en Corse. Le groupe d'aviateurs auquel il appartient est logé à Miomo, Villa Valéry, un parent du poète Paul Valéry. La villa est une belle construction à laquelle l'esthète Saint Ex a dû être sensible, avec son balcon de pierre, ses palmiers qui encadrent l'entrée et son escalier seigneurial.

Le 30 juillet, il passe avec ses compagnons la plus grande partie de la nuit au restaurant des Sablettes de Miomo. Il décolle le 31, à 8 h 30, du terrain de Borgo, aux commandes du P 38, N° 223. De son cockpit, le témoin volant du vingtième siècle voit toute l'île qui s'étend jusqu'à la mer… Le dernier regard de l'écrivain sur « la terre des hommes » aura été pour la Corse : « Galet posé sur la Méditerranée… tu m'apparaissais dans tout ton dessin, dans toute ta grâce, offerte nue à mes regards. J'attachais mes yeux sur tes golfes merveilleux, aux arabesques d'agate, sur tes plages et tes criques secrètes. Tes monts aiguisés de neige, tes forêts et les maquis mystérieux, le cours d'eau, les cascades et les mille sentiers, bleus comme des veines, tout te rendait humaine dans ton immensité hostile ».

Au cours de sa mission de reconnaissance, en regagnant la Corse, il est abattu au-dessus de la Méditerranée. Il avait 44 ans.

Jérôme Camilly

Recette

Salade de betteraves

Pour 4 personnes

4 betteraves cuites
4 tomates
50 g de raisins secs
50 g de cerneaux de noix
20 g d'un mélange de graines pour salades
3 c. à soupe d'huile de noix
1 c. à soupe de vinaigre
1 c. à café de miel liquide
Sel et poivre

1. Coupez les betteraves et les tomates en dès, mélangez-les dans un saladier. Ajoutez les raisins secs, les noix, mélangez.
2. Préparez la vinaigrette, mélangez l'huile, le vinaigre, le miel; salez et poivrez. Versez l'assaisonnement sur la salade. Mélangez. Dispersez les graines sur le dessus.
3. Réservez au réfrigérateur avant de servir.

Septembre
COULEURS

« Tu t'es décidé ou tu préfères que je te l'offre à Noël ce pull ? » avait demandé Jean-Baptiste à Lucie.

Non, c'est bon. J'ai choisi : tu me prends le bleu avait répondu sa sœur.

Dommage... c'est le rouge qui va le mieux aux brunes.

C'est toi qui est brun, moi je ne suis pas brune, je suis châtain et puis d'ailleurs, si tu tiens vraiment à ce genre d'assortiment tu n'as qu'à m'en prendre un vert...

Lucie avait alors plongé sa main dans le sachet qu'elle tenait et avait tendu à son frère une petite boîte en carton.

Carmin : «Des reflets chatoyants pour trois semaines» un shampoing colorant, «pour éblouir comme un soleil»... Pour éblouir tes copains, c'est à toi de voir, mais tu crois vraiment que les parents vont apprécier ?

Je ne vais pas avoir les cheveux rouges d'un seul coup : c'est juste pour créer de jolis reflets roux.

Si tu le dis... Je suppose que l'opéra tion va avoir lieu juste avant ta soirée d'anniversaire pour que ça fasse plus naturel, comme ça tu pourras dire que cette transformation est due au grand âge et qu'il est le seul responsable de ce soudain virement de couleur...

C'est ça, fiche toi bien de moi... Bon et puis maintenant que tu es au courant tu peux aller m'acheter mon pull... Dépêche-toi, avant le trois décembre et surtout avant qu'il n'y en ait plus de vert ! Quand tu reviendras, tu diras à maman que je ne dîne pas à la maison. Je sors tout de suite : je suis invitée chez Julie parce qu'on doit réviser ensemble l'anglais pour demain. »

C'était la dernière conversation que le frère et la sœur avaient eue. Lorsqu'il était sorti pour acheter le pull il faisait déjà nuit. Il était rentré dans le magasin ; il souriait en imaginant Lucie toute heureuse de faire son apparition avec ses boucles teintes, le soir de son anniversaire.

La vendeuse lui avait tendu un paquet parsemé d'étoiles d'or et de petits pères Noël.

Vous avez raison de faire vos achats début décembre : les gens se précipitent la plupart du temps juste avant Noël et c'est la cohue...

Oui mais le pull c'est pour un anniversaire.

Ah ! bon, vous auriez dû me le dire, je vous l'aurais emballé autrement.

Ce n'est pas grave... Au revoir !

En sortant du magasin, le froid lui mordit le visage, quelques flocons fondus commençaient même à tomber et il avait pressé le pas. Les boutiques se fermaient une à une et les rues étaient presque vides.

Il avait entendu la sirène d'une ambulance et, tournant la tête, il avait aperçu la lumière bleue fugitive.

Il ignorait alors que c'était sa sœur qu'elle transportait vers une nuit plus sombre et plus froide encore que celle qu'il traversait.

Une nuit si noire et si glacée qu'elle interdit à Lucie d'avoir quinze ans.

Jean-Baptiste se tenait debout et ne quittait sa sœur des yeux : elle semblait dormir. Ses cheveux sombres lui encadraient le visage. Ils semblaient presque bruns sur sa peau si blanche. Des larmes roulaient sur les joues du jeune homme. S'il pouvait la rejoindre, il le ferait sans doute. Il n'avait que trois ans de plus qu'elle. Ils avaient toujours été si proches l'un de l'autre qu'il ne pouvait concevoir qu'il ne la verrait plus jamais.

Il pourrait faire comme elle : pour lui ce ne serait pas un accident mais qu'importe ? Ce serait si facile... Attendre qu'une voiture passe un peu vite et se laisser glisser sur la chaussée... Pourtant Jean-Baptiste savait qu'il ne le ferait pas. Il devait

à faire

Mardi 1er Gilles

Mercredi 2 Ingrid

Jeudi 3 Grégoire

Vendredi 4 Rosalie

Samedi 5 Raïssa ◐

Dimanche 6 Bertrand

non seulement rester pour ses parents mais aussi pour Héloïse. Elle n'avait que sept ans et c'était déjà assez dur pour elle d'avoir perdu sa grande sœur. Elle ne comprendrait pas que son frère l'abandonne aussi.

C'est uniquement pour cela que Jean-Baptiste n'avait pas rejoint Lucie.

Noël avait succédé à l'enterrement quelques jours plus tard et le temps continua de drainer d'autres Noëls, des jours, des semaines et les anniversaires : plus de sept ans s'étaient écoulés. Tous avaient joué le rôle de ceux qui continuent à vivre malgré tout.

Héloïse se dirigea vers une pièce de l'appartement dans laquelle elle n'était pas rentrée depuis bien des années.

Depuis plus de sept ans, tout y était resté en place, les volets étaient toujours clos. Nul n'en avait interdit l'accès mais personne, ni ses parents, ni Jean-Baptiste, ni elle n'y entraient plus depuis la mort de son aînée. On ne l'avait ni aérée, ni aménagée en chambre d'amis. C'était « la chambre de Lucie »...

Pourquoi l'inonder de soleil à présent ? Pourquoi l'ouvrir aux saisons puisque pour elle tout cela ne voulait plus rien dire ? Elle était donc restée ainsi, jusqu'à hier soir.

Ayant presque atteint l'âge où sa sœur était morte, Héloïse s'était sentie obligée de pénétrer dans ce lieu comme pour exorciser l'angoisse qui l'étreignait à chaque fois qu'elle passait devant la porte de cette chambre.

Sans allumer la lumière, elle avait examiné une à une les silhouettes des meubles et des objets.

Il lui sembla que chacune d'elle lui disait : « Tu n'es pas Lucie, va-t'en ! Tu n'es pas Lucie ! »

Elle s'était alors vivement retournée vers le mur et avait appuyé sur l'interrupteur. Dans l'esprit d'Héloïse, une symphonie de silences se substitua à l'obscurité. Il lui sembla que du sommeil de coton, de papier, ou de porcelaine, des draps, des livres ou des objets placés sur l'étagère s'exhalait l'absence de Lucie.

Elle feuilleta les pages d'un classeur posé sur le bureau, examina les rayons d'une bibliothèque, ouvrit une boîte à bijoux... Son attention fut attiré par un petit objet rectangulaire posé sur la table de nuit. Elle le prit dans sa main, promena une dernière fois son regard dans la pièce et sortit.

Héloïse se tenait debout devant la baignoire, attendant qu'elle se remplisse tout à fait. Elle avait déposé sur son rebord cinq ou six petits tubes et flacons colorés. Elle vida le contenu de l'un d'eux sous le robinet : l'eau prit une teinte rose, presque rouge, et disparut peu à peu sous une mousse parfumée. Elle s'enduisit ensuite le visage d'argile verte et se laissa glisser dans le bain brûlant. Sa mère lui recommandait vainement à chaque fois de ne pas prendre son bain trop chaud mais tant pis... c'est comme ça qu'elle aimait. Elle avait accompli tous ces

Suite page 94

Expression

LES CAROTTES SONT CUITES

« Les carottes sont cuites » désigne toute sorte de situation sans espoir.

Au XVIIIe siècle, « avoir ses carottes cuites » signifiait être mourant, a priori par métaphore avec les carottes que l'on faisait cuire pour accompagner des plats de viande, et suggérant ainsi ironiquement que le mourant serait bientôt prêt à être mangé avec ces carottes. Par extension l'expression s'est ensuite déformée en « les carottes sont cuites ».

semaine 37

Lundi **7** Reine

Mardi **8** Nativité

Mercredi **9** Alain

Jeudi **10** Inès

Vendredi **11** Adelphe

Samedi **12** Apollinaire

Dimanche **13** Aimé

Les résultats sont concluants !...
LE PRESSOIR MABILLE
assèche vite et complètement

UN RÊVE DE PIERRE

Une lézarde parcourait la tour de sa base à la pointe du toit. Ouverte par un coup de foudre ou par un lointain mouvement tellurique, les plus vieux assuraient que cette brèche existait bien avant eux et son ancienneté même semblait démontrer que la tour était indestructible. Mais depuis quelques temps, des lauzes avaient glissé du toit, laissant l'humidité s'infiltrer à travers planchers et solives et, peu à peu, comme ses voisines, elle se laisserait gagner par la gangrène de l'abandon.

Pour y avoir vécu le moindre récit qui s'y rattachait et l'avoir défendue contre les nuées d'assaillants que notre imagination enfantine faisait revenir, Julien et moi en connaissions chaque marche, chaque mâchicoulis, chaque meurtrière. C'était l'époque où le lierre commençait à ramper le long d'un de ses murs, après avoir recouvert la chapelle et un four à pain. L'été venu, toute la jeunesse du village se réunissait sur la place. En hiver, nous étions les seuls à nous y rendre pour poser des collets à grives dans le lierre. Peut-être aussi pour y côtoyer des souvenirs. De tout le village, de nos plus jeunes années aux dix-sept ans que nous venions d'avoir, c'était l'endroit où ils étaient les plus nombreux. Il suffisait de franchir le passage voûté menant à la tour et ils revenaient en foule. Le mois de février de l'année précédente, une neige abondante avait pesé plus que les autres années sur les charpentes de la tour. Bientôt, les portes et les fenêtres cesseraient de résister aux coups d'épaule des bourrasques, les toits de supporter le galop des tempêtes. Un matin, c'est ce qui avait commencé à se produire : tout un pan de toit s'était écroulé sous nos yeux. C'est peut-être ce jour-là que nous avions commencé à ressentir ce qui s'effondrait au-delà : dans ces lieux fourmillant de fantômes d'épopées, les bruits de jeux et de fêtes, les rires, les chants qui s'étaient éteints rejoignaient dans ma mémoire mille ans de souvenirs transmis de génération en génération. Et parce que je les partageais avec Julien, je savais qu'il partageait aussi mon désarroi d'assister à l'écroulement du décor qu'ils habitaient. Enfants, nous jouions à imaginer que nous relevions ces ruines. Cet effondrement avait provoqué le sursaut qui nous poussait à aller au-delà du rêve.

Nous nous étions mis à l'ouvrage pendant ces vacances de Noël et avions continué pendant celles de Pâques.

Avec des moyens de fortune, nous nous étions acharnés à consolider la tour. A l'aide d'une poulie trouvée dans le séchoir de Julien, nous hissions les pierres au faîte des murs d'où elles étaient tombées. A défaut de ciment, nous utilisions la terre rouge comme liant, à la manière d'autrefois. De ce qui restait des maisons voisines, nous dégagions les solives, les planches et les lauzes les moins endommagées pour refaire la partie de toit qui s'était effondrée. Notre obstination n'avait d'égale que notre inconscience du danger : trous béants guettant nos faux pas, murs hérissés de poutres qui, pour s'en détacher, attendaient notre passage, restes d'escalier suspendus dans le vide, impatients de céder sous nos pieds, étaient autant de pièges prêts à nous assommer, nous happer ou nous ensevelir.

Depuis que nous avions débarrassé les autres bâtisses des ronces, des décombres de planchers et de toits écroulés, le crépuscule avait cessé d'accentuer l'aspect sinistre des pans de murs encore debout. A présent, en estompant leurs contours et en effaçant les alentours, ses premières ombres, à mesure qu'elles s'étendaient, donnaient l'illusion qu'elles dissimulaient des demeures intactes pour n'en laisser voir que quelques façades de l'autre côté desquelles la vie revenait. Prenant la relève de nos travaux, la nuit nous aidait à rebâtir les tours au milieu desquelles, lestés des témoignages et des récits dont nous étions nourris, s'y posant par volées innombrables, les rêves éveillés de notre enfance atteignaient leur terre promise.

Jean-Claude Rogliano
Une danse immobile

semaine 38

Lundi **14** La Croix	Mardi **15** Roland	Mercredi **16** Édith
Jeudi **17** Renaud	Vendredi **18** Nadège	Samedi **19** Émilie
Dimanche **20** Davy		

Suite page 91

gestes comme s'il s'agissait d'un rituel important. Elle considéra une nouvelle fois les produits qu'elle avait déposés près d'elle et choisit cette fois un petit flacon de plastique transparent contenant un liquide épais couleur d'ambre. Elle sembla hésiter un instant et brisa d'un coup sec l'embout noir qui le scellait. Une odeur âcre assez forte se répandit dans la salle de bains. Elle plongea sa tête dans l'eau et après avoir essoré ses longs cheveux, fit couler le contenu du flacon dans sa main. Le liquide jaunâtre se répandit sur sa paume. Elle sembla hésiter une dernière fois et se résolut à passer sa main dans sa chevelure. Elle prit soin de bien appliquer le produit de manière à enduire chaque mèche. Elle les releva ensuite en une sorte de chignon et le fixa au moyen d'une épingle qu'elle avait préparée. Une épaisse vapeur s'était répandue dans la pièce, mais cela ne semblait nulle ment gêner Héloïse, au contraire : ses paupières se faisaient lourdes et elle laissa une sorte de torpeur l'envahir.

Lorsqu'elle rouvrit les yeux elle était allongée sur son lit, enveloppée dans un drap de bain et son frère la secouait en lui criant de dire quelque chose.

« Ça va, balbutia-t-elle... Il lui sembla qu'elle était encore entourée de vapeur. Que m'est-il arrivé ? Elle porta alors son regard autour d'elle : ses parents était là aussi. Eux et Jean-Baptiste semblaient à la fois soulagés et encore inquiets.

– Tu as dû avoir un malaise, répondit son père, Jean-Baptiste vient de te sortir inanimée de la baignoire. On ne sait même pas combien de temps tu es restée ainsi... une chance que ta tête n'ait pas glissée sous l'eau... On va tout de suite appeler un médecin et...

À l'évocation du temps durant lequel elle était restée dans cet état, Héloïse avait jeté un coup d'œil à son radioréveil. Elle interrompit son père.

– C'est inutile papa, elle lui désigna l'heure du menton : je venais juste de me faire un masque et de rentrer dans le bain quand Jean-Baptiste m'a trouvée.

– Tu es sûre que ça va ? insista sa mère.

– Oui je suis sûre, affirma-t-elle avec aplomb en se levant.

C'est vrai qu'elle avait l'air parfaitement remise et ses parents et son frère la laissèrent pour qu'elle finisse de se sécher.

Elle enfila son peignoir et se dirigea à nouveau vers la salle de bains : il fallait qu'elle rince parfaitement ses cheveux ainsi que son visage encore maculé d'argile.

Tout en lissant sa chevelure sous un souffle d'air chaud elle considérait son visage dans le miroir. Elle se trouva un peu pâle, mais son frère et ses parents ne semblaient rien avoir remarqué... Tant mieux ! pensa-t-elle, puis elle fronça les sourcils et arrêta le sèche-cheveux comme si celui-ci l'empêchait de réfléchir.

Pourquoi avait-elle menti ? Elle était restée plus d'une heure inconsciente dans l'eau. A présent, elle savait que ce mensonge spontané faisait bien son affaire : si ses parents s'étaient inquiétés outre mesure, sans doute ne l'auraient-ils pas laissé sortir ce soir, même avec Jean-Baptiste, même pour son anniversaire. Ce qui en revanche lui sembla curieux, c'est que cette réflexion qu'elle était en train de faire ne lui était nullement venue à l'esprit avant. Son mensonge n'avait donc pas été prémédité.

Pour quelle raison avait-il eu lieu d'être, au moment où il avait été formulé ?

Héloïse haussa les épaules et ralluma le sèche-cheveux : elle avait sans doute eu ce réflexe pour rassurer immédiatement ses parents. De toute façon c'est vrai qu'elle se sentait parfaitement bien.

Lorsque sa chevelure fut presque sèche, elle la massa longuement pour l'assouplir davantage. Elle s'approcha ensuite de la baignoire pour ranger les flacons qu'elle avait utilisés. Elle considéra avec regret celui de la lotion capillaire : j'aurais dû m'en douter, murmura-t-elle en se retournant ensuite vers le miroir… ses cheveux étaient plus doux et plus souples mais quant au changement de couleur espéré, il n'y avait aucun résultat ! Le produit était sans doute périmé. Elle jeta le flacon vide et n'y pensa plus.

Elle se dirigea ensuite vers la chambre de Lucie. La jeune fille ne fut plus du tout impressionnée par le lieu, au contraire, celui-ci lui parut presque familier. L'émotion de la veille avait été compréhensible mais ce qu'elle ressentit était beaucoup

Lundi **21** Matthieu ◐ — semaine 39

Mardi **22** Maurice

Mercredi **23** Automne

Jeudi **24** Thècle

Vendredi **25** Hermann

Samedi **26** Côme, Damien

Dimanche **27** Vincent de P.

plus indéfinissable : sans pouvoir en expliquer la raison, elle eut l'impression fugitive de pousser la porte de sa propre chambre.

Elle s'assit machinalement sur le lit et promena son regard autour d'elle. Des rayons de lumière filtraient à travers les volets clos, il était presque midi et sans qu'Héloïse n'ait allumé, la pièce n'était pas vraiment sombre : une grande psyché faisait face à la fenêtre et en attisait le peu de clarté.

Héloïse s'en approcha et sentit son sang se figer : si le miroir mobile cerclé de bois reflétait parfaitement le décor de la chambre derrière elle, la vision qu'il lui renvoyait d'elle-même la représentait de manière floue, sans qu'elle puisse distinguer la netteté de ses traits.

Tout ce qu'elle voyait à la hauteur de son visage n'était qu'un reflet pâle, cerné de ce qui pouvait ressembler à sa chevelure. Elle fut prise d'une sorte de vertige, se retourna et sortit précipitamment de la chambre.

Elle se dirigea tout droit vers le miroir de la salle de bains : elle était certes toujours un peu pâle mais tout était normal et toute son image y apparaissait nettement. Ce bain l'avait sans doute plus affaiblie qu'elle ne l'avait pensé tout de suite. Elle se sentait d'ailleurs assez lasse et n'avait plus du tout envie de passer la soirée dehors.

En croisant Jean-Baptiste dans le couloir, celui-ci eut une expression de surprise.

J'ai l'air fatigué, n'est-ce pas ? lui demanda Héloïse.

Oui, heu... enfin... peut-être... mais tu as changé quelque chose non ?

Non, Enfin, si : je me suis passé une sorte de baume dans les cheveux, ce qui semble les avoir rendus un peu moins raides.

Ce doit être cela, ils sont même bien ondulés, dit son frère en souriant.

Il avait accompagné ses paroles en tirant sur une de ses mèches qui se remit en place comme un ressort. Il se retourna en prenant subitement un air grave : il avait fait ce geste machinalement, presque instinctivement, comme il le faisait autrefois pour taquiner Lucie.

Il s'aperçut que ce qui l'avait surpris, ce n'était pas particulièrement les cheveux d'Héloïse, mais sa physionomie tout entière. Comme elle ressemblait à Lucie ! En fait, il s'était réellement rendu compte de cette ressemblance le jour même, où il avait trouvé Héloïse inanimée.

À ce moment-là, elle lui avait rappelé la dernière image de la sœur qu'il avait perdue, mais il avait alors pensé que cette impression était due à la pâleur d'Héloïse et à ses traits figés. Et puis de toute façon, elle était la sœur de Lucie, il était normal qu'elle lui ressemble... mais à ce point ! Ce qui le choqua davantage c'est de ne jamais s'en être aperçu plus tôt. Certes, Héloïse avait les cheveux aussi lisses que Lucie les avait eu bouclés mais un changement de coiffure, qui n'avait d'ailleurs rien de radical, même s'il pouvait mettre un peu plus l'accent sur une ressemblance, ne pouvait en aucun cas le troubler autant ! Et pourtant, il sembla à Jean-Baptiste avoir parfaitement reconnu Lucie dans les traits de sa petite sœur.

Il soupira profondément. Était-il en train de perdre la raison ? On était le vingt-huit novembre, l'anniversaire d'Héloïse ; le trois décembre aurait dû être celui de Lucie et elle était morte la veille. Ce matin il y avait eu l'incident du bain : Jean-Baptiste se dit qu'il devait être inconsciemment tourmenté par tout cela et que c'était ce dernier événement qui lui avait mis en tête qu'Héloïse ressemblait autant à Lucie.

Jean-Baptiste ! l'appela Héloïse, tu sais, il n'y a pas de quoi inquiéter papa et maman mais je suis un peu fatiguée. Je préfère ne pas sortir ce soir. Je vais faire mon gâteau d'anniversaire et on le mangera en famille. Ce sera aussi bien...

– Tu as raison. Je t'avoue que ça ne m'enchantait pas non plus de te sortir ce soir, tu es encore un peu pâle... et puis nous aurons d'autres occasions !

Héloïse avait confectionné une belle forêt-noire sur laquelle son frère avait piqué et allumé quinze bougies.

T'as pas voulu sortir : t'es toujours petite, donc tu souffles encore les bougies ! avait-il dit pour la taquiner, tout en éteignant la lumière.

Mais bien sûr, et tu vas voir : d'une seule fois !

Héloïse respira profondément et éteignit les bougies d'un seul coup.

Tandis que Jean-Baptiste se levait pour rallumer, l'une d'elles se mit à crépiter un moment en produisant une petite gerbe d'étincelles avant que sa flamme n'apparaisse à nouveau tout à fait.

Tiens, dit leur père, c'est curieux ! Tu les avais pourtant toutes soufflées !

Une bougie « farce et attrape » se sera glissée dans le lot, dit Héloïse en souriant, et elle souffla sur la dernière bougie qui s'éteignit pour de bon.

Au matin du premier décembre, Jean-Baptiste s'aperçut que la porte de la chambre de Lucie était ouverte et que la lumière était allumée. Il s'en approcha et sentit son sang se glacer : la psyché avait été changée de place, elle était tournée de trois quarts face à la porte. Il se précipita à l'intérieur de la pièce.

« Lucie ! cria-t-il avant de se retrouver nez à nez avec Héloïse.

– Qu'est-ce qui t'arrive ? lui demanda-t-elle en fronçant les sourcils. C'est moi ! Elle eu un sourire étrange : tu crois aux fantômes ? »

Jean-Baptiste, la fixa quelques secondes, hébété.

Suite page 99

Lundi **28** Venceslas ● semaine 40

Mardi **29** Michel

Mercredi **30** Jérôme

JARDIN

Pour avoir une belle pelouse

Pour semer une pelouse il est préférable que vous attendiez l'automne, vous économiserez de l'eau pour l'arrosage, cette saison étant plus humide et l'hiver vous aurez moins l'occasion de piétiner le gazon que l'été.
Préparez votre terrain à la bêche ou à la fraise avec votre motobineuse ; si votre terre est trop lourde, vous pouvez l'ameublir avec du sable. Égalisez le dessus au râteau, enlevez les pierres et les grosses mottes de terre. Épandez le semis à la volée, ou bien utilisez un semoir à gazon, prévoyez entre 20 g à 25 g par mètre carré. Vous pouvez ajouter de l'engrais spécial semis et le mélanger aux graines, il aidera à la germination.
Repassez un léger coup de râteau, puis roulez la terre pour enfoncer les graines dans le sol.
Arrosez en pluie très fine pour ne pas décoller les graines, vous devez laisser la terre humide le temps de la germination. Les premières pousses doivent apparaître 15 jours à 3 semaines après le semis.
En mars l'année suivante, vous pourrez faire la première coupe. Attention, ne tondez pas trop court car vous assécheriez votre pelouse et risqueriez de l'arracher, mais tondez régulièrement pour obtenir un gazon dense et résistant. Après la première coupe vous pouvez rouler à nouveau. N'hésitez pas à arroser votre pelouse si le temps est trop sec, surtout la première année.

BRICOLAGE

Pour entretenir les outils de jardinage

Lorsque vous avez terminé de jardiner, pour que vos outils ne s'abîment pas piquez-les dans un seau rempli de sable bien sec, à l'abri des intempéries. Le sable bien sec agit comme abrasif naturel mais n'est pas du tout agressif.

SANTÉ

Lutter contre les poux

Quand un enfant a des poux, on peut fabriquer un anti poux efficace et peu coûteux. Il faut mélanger du vinaigre de vin à du shampoing et de l'eau tiède. Lavez les cheveux avec et laissez poser une heure puis rincez. Passez ensuite le peigne fin pour sortir les dernières lentes.

BEAUTÉ

Pour avoir des ongles impeccables

Nettoyez-les avec du bicarbonate de soude. Saupoudrer le produit sur une petite brosse puis frotter énergiquement les ongles humidifiés.

petit PROVERBE

« L'homme le plus important dans la vie d'une femme n'est pas le premier, mais c'est celui qui ne laissera pas exister le prochain. »

Image d'hier

Mois d'Octobre

OCTOBRE EN BRUINE, HIVER EN RUINE

C'EST un arbre dont les feuilles sont en pleine débandade, comme les rats qui quittent le navire en perdition, comme quelqu'un qui ne garde que ses amis les plus fidèles, des amis un peu racornis, il faut le dire, dans leur fidélité ; un arbre de fin de règne qui voit ses sujets déserter, une école à la veille des grandes vacances dont les élèves prennent le devant, un cinéma à la sortie de la dernière séance, une rue après la manifestation populaire. Pâle et presque transparent au bord de la route, il reste imperturbable dans sa foi, il reste comme témoin, se met au soleil de ce bon jour d'octobre qui chauffe à peine, inconscient ou fataliste au milieu des nuits froides de ces temps qui changent. Il est au bord de la route et voit les autos qui passent, et sent que passent aussi les saisons. Il pense peut-être pourtant que le printemps, forcément, reviendra.

Pere Verdaguer

La liberté n'est que la distance qui sépare le chasseur du gibier.

Citation chinoise (La Chine en proverbes) 1905

Les Trente Glorieuses de la ménagère

Après la dernière guerre, les travaux de reconstruction, de relogements urgents terminés, le renouveau ménager s'imposa ! Timidement d'abord avec d'artistiques chauffe-plats que réchauffaient des bougies larges dans leurs godets d'aluminium, avant que d'autres de dimension plus grande, électrique, en porcelaine ou en céramique viennent décorer les tables. Des grille-pain de toutes tailles, des grille-steaks et brochettes s'ajoutèrent à la panoplie habituelle des buffets ou des garde-manger.

Les vieilles glacières se firent modestes dans le fond des cuisines, détrônées par un réfrigérateur. La plupart du temps, on le désignait sous le nom de Frigidaire, devenu commun dans la langue française. Pourtant, outre ce réfrigérateur créé par General Motors, d'autres marques comme Brandt en France ou Electrolux en Suède sont apparues pour permettre à l'homme de maîtriser le froid. Même relégation pour le vieux fourneau à bois ou à briquettes qu'il fallait rallumer tous les matins. Une cuisinière à l'électricité ou au gaz le remplaça, sur laquelle trônait le plus souvent une étrange cocotte sifflant de la vapeur. Cet autocuiseur qui permet de mitonner plus rapidement des plats tout en économisant de l'énergie changea la vie de la ménagère lorsqu'il fit son apparition en 1953 dans la chaîne de production de la Société d'Emboutissage de Bourgogne (SEB) basée à Selongey.

D'autres casseroles du même type verront le jour, mais c'est bien la Seb qui, avec son slogan « Seb, Sebo, Sebon », finit part triompher jusqu'à nos jours sous le nom de Cocotte-minute. Dans les années soixante, elle s'accompagne de sa petite « bible », le livre de recettes de Françoise Bernard qui décline toutes les possibilités qui découlent de cette cuisson sous pression. Le vieux moulin à légumes est lui aussi relégué au fond du buffet « en cas de panne ». Il est remplacé par un mixer : purée de pommes de terre, de légumes, crème, œufs à la neige et mayonnaise se font en quelques tours de machine.

Quant au moulin à café manié à la main, il devient bientôt objet d'antiquité. Un moulin à café électrique d'une rapidité incontestable devient le « must » de tout foyer moderne.

Autre antiquité : à l'ancien gaufrier en fonte noire avec son long manche succède un gaufrier électrique plus facile à utiliser et offrant à tous de splendides et inratables gaufres croustillantes.

Le perfectionnement se poursuivit durant les années suivantes. Pour éviter un emploi trop fréquent du grand four électrique, des fours à micro-ondes sont inventés pour réchauffer des plats pré-cuisinés ou réaliser des recettes simples.

Mais la plus grande révolution ménagère demeure à ce jour la machine à laver. Elle s'est perfectionnée au fil du temps, dotée d'un sèche-linge et autres agréments, mais fut dès le début une libération pour la femme. Fini les grandes lessiveuses où l'on faisait bouillir le linge sur les cuisinières à bois ou à charbon, les accrochages de vêtements aux fenêtres ou dans des greniers exposés à tous vents quand on ne disposait pas d'un jardin : « Le jour où, pour la première fois, j'ai pu mettre mon linge dans une machine, je n'ai pu faire autre chose que de m'asseoir devant sa vitre et regarder le linge tournoyer en me disant : Tu vois, elle travaille à ta place ! » Pour régler le problème du repassage, une grande variété de fers à repasser électriques prit la suite des fers en fonte dotés de manches en bois que l'on faisait réchauffer sur la cuisinière.

Outre l'écran des machines à laver un autre écran avait vu le jour dans les foyers : celui de la télévision en noir et blanc, d'abord gage de convivialité – tout le monde n'en possédant pas, l'on s'invitait chez les heureux bénéficiaires au début – puis marque d'individualisme croissant lorsqu'elle devint objet de consommation courante. Aux alentours de minuit, il n'était pas rare de voir toutes les lumières des salons d'un immeuble s'éteindre en même temps, marquant ainsi la fin des émissions.

Marie-Christine Perillon

Extrait de l'Almanach des Années 60, éditions CPE Romorantin
En vente chez votre marchand de journaux et sur le site des éditions CPE www.cpe-editions.com

Suite de la page 99

Je croyais... enfin j'ai cru voir... là, dans son miroir...

Le sourire d'Héloïse se fit étrange.

C'était moi bien sûr... Lucie est morte. Tu as encore cru la voir ; je sais ce que tu penses : je ne la remplace pas, et elle te manque de plus en plus. Mais elle est morte, répéta-t-elle comme pour s'en convaincre elle aussi. C'est moi qui ai eu quinze ans il y a trois jours ! Pas elle. J'ai bien remarqué que ton attitude envers moi a changé. Tu me regardes comme si j'étais quelqu'un d'autre, comme si j'étais Lucie ; tu te trompes parfois de prénom sans même t'en apercevoir !

Au moment où elle prononçait ces paroles, il sembla à Jean-Baptiste qu'une lueur de satisfaction traversait le regard d'Héloïse, le ton lui-même rendait un écho presque jubilatoire, sa voix n'était plus la même ; il sentit tout son corps parcouru d'un frisson : il lui avait déjà entendu ce timbre si particulier et si inhabituel. Mais quand ?

– Et moi je ne dis rien, poursuivit-elle comme apaisée, pour ne pas te faire de peine. Mais elle est morte, Jean-Baptiste, moi je suis Héloïse, je vis, et les morts eux ne reviennent pas.

Jean-Baptiste avait écouté ce flot de paroles sans dire un mot, il avait l'impression d'être brûlant de fièvre et sentait des larmes lui monter aux yeux ; il détourna son regard de sa sœur, elle n'avait que trop raison : jamais personne ne pourrait remplacer Lucie ni la lui rendre et il fallait qu'il surmonte enfin sa douleur.

Il allait sortir de la chambre sans rien ajouter et se retourna brusquement : il s'était soudain souvenu à quel moment précis il l'avait entendu parler de cette façon si particulière.

Au-delà de l'encadrement de la porte, la psyché rendait toujours l'image de sa sœur. Jean-Baptiste ne rentra pas dans la chambre et se contenta de porter son regard vers le reflet.

Lorsque je t'ai trouvée dans l'eau et que papa a parlé d'appeler un médecin, tu as menti n'est-ce pas ? Pourquoi ?

La voix qui lui répondit alors sembla résonner au travers du miroir :

Parce que ce n'était plus la peine.

« Les morts ne reviennent pas. » Ces paroles d'Héloïse résonnaient en lui alors que Jean-Baptiste arpentait les rues de la ville. Comme à tous les anniversaires de la mort de Lucie, il se rendait dans une Église de la vieille ville pour y brûler un cierge.

La flamme qu'il venait d'allumer dansait au milieu d'autres, toutes semblables, chaque scintillement, chaque reflet identique à l'autre.

« Les morts ne reviennent pas. » Et pourtant, chacune de ces lueurs lui semblait une présence.

En sortant de L'Église, il sembla à Jean-Baptiste qu'il se trouvait sept ans en arrière. La même soirée, le même froid et les mêmes rues lui donnèrent l'impression d'entendre l'ambulance. Il se retourna et vit au loin, de l'autre côté de la rue, la silhouette de sa sœur. Il se dirigea vers elle mais à chaque fois qu'il semblait l'atteindre, elle s'enfonçait un peu plus dans le dédale des ruelles de la vieille ville. Il courut à perdre haleine, il lui semblait traverser un océan d'obscurité ; surgissant parfois d'une bâtisse, la lune lui donnait bien quelque clarté mais, ne trouvant pas Héloïse, Jean-Baptiste s'engouffrait un peu plus dans chaque vague de nuit. Combien de temps la chercha-t-il ainsi ?

Une voiture, lui barra la route sans qu'il l'eût entendu venir et se perdit dans une ruelle sombre. Son regard la suivit au bout de sa course, jusqu'à Héloïse. Elle était allongée sur la chaussée.

Jean-Baptiste se précipita vers elle. Elle le regardait en souriant ; un mince filet de sang apparaissait à ses lèvres.

« J'ai eu mes quinze ans dit-elle, la nuit peut s'achever, je vais t'attendre ». Puis, elle prononça à nouveau les mots qu'elle semblait lire dans les pensées de son frère

« Les morts ne reviennent pas... »

Et dans un dernier souffle elle ajouta :

« Seulement leurs reflets »...

Agnès Rogliano

Recette

Bœuf aux carottes

Pour 6 personnes

700 g de bœuf (collier ou la poitrine)
80 g de lard
600 g de carottes
2 oignons
60 g de beurre
1 bouquet garni
1 c. à soupe de farine
Sel et poivre

1. Épluchez les carottes et découpez-les en rondelles.
2. Dans une cocotte, faites fondre le beurre et incorporez le lard découpé. Faites roussir. Ajoutez les morceaux de bœuf. Laissez cuire quelques minutes. Puis, versez les carottes, les oignons hachés et le bouquet garni. Saupoudrez de farine couvrez d'eau. Salez et poivrez.
3. Laissez cuire pendant 1 h 30 à feu moyen.

LES DEUX BOÎTES

LE fils d'un grand roi aimait une jolie charbonnière. Lorsque ses parents connurent cette passion, ils entrèrent dans une grande colère et le forcèrent à épouser une riche princesse qui, quoique jeune encore, avait eu bien des amants.

La nuit de ses noces, la princesse craignit que son époux ne s'aperçût de sa mauvaise conduite ; aussi envoya-t-elle sa chambrière chercher dans la ville une femme qui fût pucelle et qui voulût bien consentir à coucher avec le fils du roi.

La chambrière était à peine sortie du palais qu'elle rencontra la charbonnière.

« Es-tu pucelle ?

— Oui.

— Veux-tu consentir à coucher cette nuit avec le fils du roi ?

— Je le veux bien ; mais n'est-il pas marié ?

— Si, mais par des raisons que je ne puis t'expliquer la princesse a besoin que tu prennes sa place.

— Et qu'en pensera le prince ?

— Laisse faire, on s'arrangera de manière qu'il n'y verra rien. »

Le soir venu, la jolie charbonnière alla coucher avec son amoureux.

Avant que le jour parût, la jeune fille, qui ne s'était pas fait connaître, dit au fils du roi : « Donnez-moi l'anneau que vous portez au doigt en ce moment ; je veux avoir un gage éternel de notre première nuit d'amour.

Pour ne pas mécontenter sa femme, le prince lui donna son anneau. Puis la jolie charbonnière s'habilla et partit.

La nuit suivante, déguisée en princesse, elle vint de nouveau, et, cette fois, demanda comme souvenir l'écharpe brodée que le fils du roi avait portée le jour de son mariage.

Celui-ci y consentit encore, de même que la troisième nuit où il lui donna une magnifique ceinture de diamants.

Croyant que tout soupçon avait disparu, la princesse voulut, à son tour, profiter de son époux ; heureusement pour elle, celui-ci, qui était fatigué, ne s'aperçut de rien.

Cela dura neuf mois.

Au bout de ce temps, la charbonnière accoucha d'un beau garçon blanc et rose. Le soir même de ses couches, elle demanda à voir le fils du roi.

Le prince s'empressa d'accourir, et la jolie accouchée lui présenta l'enfant tout enveloppé dans une écharpe merveilleuse, serré par une splendide ceinture de diamants et ayant au doigt un magnifique anneau, objets que le fils du roi reconnut aussitôt.

« Comment cette écharpe, cette ceinture et cet anneau se trouvent-ils ici ? » demanda le jeune homme.

La belle charbonnière lui raconta alors tout ce qui s'était passé, et son amant jura qu'il n'aurait plus désormais d'autre épouse qu'elle.

Jeudi 1er Thér. fr l'E. semaine 41

Vendredi 2 Léger

Samedi 3 Gérard

Dimanche 4 F. d'Assise

Suite de la page 95

Après cela, le fils du roi courut chez son bijoutier et lui dit : « Faites-moi deux boîtes, dont l'une soit en or, mais très grossièrement travaillée, et l'autre en argent où vous aurez mis tout votre art et tout votre génie. »

Lorsque les deux boîtes furent faites ainsi qu'il le désirait, le jeune prince les présenta au roi, son père, en lui disant : « Quel est de ces deux objets celui qui vous paraît le plus digne d'admiration ?

— Ah ! dit le roi, voici une boîte en or qui vaut beaucoup, mais elle est si mal faite qu'il n'y a aucun artiste dans mon royaume qui ne préfère la boîte en argent, vrai chef-d'œuvre de ciselure et d'exquise beauté.

— Laquelle de ces deux boîtes aimez-vous donc mieux, mon père ?

— Je te l'ai dit : c'est celle qui est en argent qui aurait ma préférence.

— Eh bien, ces deux boîtes représentent : celle qui est en or, la femme que vous m'avez fait épouser, et celle qui est en argent, une jeune fille pauvre, que j'aime, et qui a mille qualités charmantes. »

Et, en même temps, le fils du roi raconta à son père la mauvaise vie qu'avait menée la princesse sa femme, ses débordements scandaleux, enfin, sa ruse des premières nuits de noces.

En apprenant toutes ces choses, le roi n'en pouvait croire ses oreilles ; courroucé, il fit appeler la princesse, qui n'osa nier aucune de ses mauvaises actions.

On la renvoya honteusement chez ses parents, qui furent bien désolés de la conduite de leur fille, mais ils ne purent se plaindre d'un châtiment si mérité.

Quant au jeune prince, il épousa bientôt après la charmante charbonnière, avec laquelle il fut toujours heureux.

Conté en 1881
par Joseph Quilichini,
propriétaire à Poggio-di-Tallano

Les Contes populaires de l'île de Corse par J.-B. Frédéric Ortoli, éditions CPE Romorantin

Le saviez-vous ?

ROBUSTESSE
(Forza, salute)

« Avè u coghju duru. » (Avoir le cuir dur.)
Cette locution correspond à l'expression française « Avoir la peau dure ». Elle peut s'utiliser au figuré. Ainsi, le sénateur Nicolas Alfonsi, évoquant sa longévité politique, pouvait s'exclamer : « Aghju u coghju duru ! » (Débat sur la radio RCFM, le 23 juin 2003).

Jean-Guy Talamoni, Dictionnaire commenté des expressions corses, Prix du Livre Corse 2005, DCL éditions.

Expression

UN SECRET DE POLICHINELLE

L'expression «un secret de polichinelle » est utilisée pour qualifier un secret qui n'en est pas un, un secret que tout le monde connaît.

Elle est directement liée au personnage de Polichinelle (marionnette venue du Pulcinella de la Comedia Del Arte). Polichinelle parle en effet beaucoup, à tort et à travers, au point de ne jamais savoir tenir sa langue ou garder un secret.

semaine 42

Lundi 5 Fleur

Mardi 6 Bruno

Mercredi 7 Serge

Jeudi 8 Pélagie

Vendredi 9 Denis

Samedi 10 Ghislain

Dimanche 11 Firmin

Cie FRANÇAISE DE NAVIGATION ET DE CONSTRUCTIONS NAVALES
à Six heures de NICE
LA CORSE
PLM
Cie INTLE DES WAGONS-LITS

LA JEUNE FILLE AMOUREUSE DU ROSSIGNOL

Une femme avait une fille nommée Belladonna, si jolie, si jolie, que jamais on n'en avait vu de pareille. À sa naissance, les fées lui avaient fait toutes sortes de dons, entre autres celui de pouvoir se transformer en ce qu'elle voulait.

Un jour Belladonna dit à sa mère : « Maman, je veux me marier.

— Comment, mon enfant, tu n'as pas encore quinze ans !

— Il faut que je me marie.

— Eh bien ! puisque tu le veux, dis-moi celui que tu désires.

— Je veux épouser le rossignol qui chante tous les matins sur notre grenadier.

— Tu veux épouser un rossignol ? perds-tu donc la tête ou te moques-tu de moi ?

— Il n'y a rien à dire ; il faut que je me marie avec l'oiseau que j'aime. »

La pauvre mère était désolée.

« Ma bonne fille, mon enfant chérie, prends un homme aimable, beau, riche, qui te rende heureuse ; épouse quelqu'un avec qui tu puisses vivre.

— Vous ne me ferez pas changer d'idée ; je veux le rossignol.

— Hélas ! veux-tu courir dans les arbres ? Tu es trop grande pour le suivre partout.

— Ne puis-je pas me changer aussi en rossignol ? »

Voyant qu'elle ne réussirait pas à la convaincre, la mère enferma sa fille à double tour, craignant qu'elle ne sortît sous une forme quelconque.

Un jour, Belladonna fut confiée à la garde du chapelain, une parente ayant invité sa mère à la fête voisine.

Lorsque celle-ci fut partie : « Chapelain, bon chapelain, dit la jeune fille, voulez-vous me laisser cueillir une de ces belles grenades qui sont devant notre porte ?

— Non, ma belle enfant, votre mère m'a défendu de vous laisser sortir.

— Au moins, allez m'en chercher une, afin que j'en puisse manger.

— Pour cela, je veux bien. »

Et le chapelain ouvrit la porte de la chambre où était Belladonna.

Aussitôt celle-ci se dit : « Que je sois mouche. »

Et la voilà prenant son vol et sortant de la maison.

Une fois dehors, se trouvant plus gentille en femme, elle dit encore : « Que je sois Belladonna. »

Et elle redevint comme auparavant.

La jeune fille se prit alors à courir les champs à la recherche de son rossignol.

Jugez de l'étonnement du chapelain lorsque, à son retour, il ne vit plus Belladonna.

« Qu'est-elle devenue ? » se dit-il. Et il chercha partout, mais inutilement. Lorsque la mère de Belladonna revint de la fête, elle se montra fort irritée du départ de sa fille. Mais enfin il lui fallut bien se calmer.

Le chapelain partit à la recherche de la fugitive. Ayant voyagé toute la journée sans la trouver, il la vit enfin se reposant au bord d'une rivière.

« Belladonna, Belladonna, n'ayez pas peur, votre mère vous pardonne. »

En le voyant la jeune fille se changea en anguille, et la voilà faisant un saut dans la rivière.

Le chapelain s'approcha du bord, chercha, mais ne vit qu'une anguille faisant mille et mille tours dans le ruisseau. Pas plus de Belladonna que sur la main.

Suite page 104

semaine 43

Lundi **12** Wilfried

Mardi **13** Géraud

Mercredi **14** Juste

Jeudi **15** Thér. d'Avila

Vendredi **16** Edwige

Samedi **17** Baudoin

Dimanche **18** Luc

Suite de la page 103

Comme la nuit approchait, il retourna à la maison et dit à la mère : « J'ai vu votre fille près d'une rivière, je lui ai même parlé ; mais, en m'apercevant, elle a disparu tout à coup sans que j'aie pu savoir où elle a passé. Une anguille seule se jouait dans l'eau.

— Eh bien ! cette anguille, c'était ma fille. Si tu l'avais prise, elle serait revenue à son premier état. »

Le chapelain repartit.

Dans une plaine immense il reconnut Belladonna.

Vite il courut à elle, mais la plaine se changea en une forêt impénétrable dans laquelle s'égara le pauvre chapelain.

Obligé de retourner, celui-ci raconta ce qui lui était arrivé.

« Si tu avais pris une branche d'un des arbres de la forêt, Belladonna aurait été forcée de te suivre et nous aurions eu ma fille. »

Pour la troisième fois, le chapelain partit. À l'entrée d'un village il vit une chapelle et, tout auprès, un curé lisant son bréviaire.

« N'avez-vous pas vu une jeune fille passer par ici il n'y a qu'un instant ?

— On dit la messe en ce moment.

— Ce n'est pas cela que je vous demande ; avez-vous vu passer une demoiselle ?

— Entrez, vous arrivez encore à temps.

— Que le diable t'enlève avec ta messe ! »

Et le chapelain retourna vers la mère de Belladonna.

« Qu'as-tu vu ?

— J'ai vu une chapelle et, auprès, un chapelain qui lisait son bréviaire.

— Eh bien ! le chapelain c'était ma fille. Si tu l'avais prise, elle aurait été forcée de te suivre.

— À voir son air grave...

— Tais-toi, tu ne feras jamais rien. Je veux partir moi-même. »

Et la femme partit.

Après avoir marché plus de trois jours, la mère de Belladonna vit sa fille assise sous un arbre, parlant à son cher rossignol.

Se voyant découverte, la belle amoureuse se changea en rosier.

Mais cette fois elle n'eut pas de chance. Sa mère s'empara du rosier, tout fleuri déjà, et s'en retourna à la maison.

Pendant son voyage, le rossignol chantait tristement :

Rendez-moi mon épouse ;
Nous sommes unis pour toujours.
À la noce, l'alouette était la fille d'honneur,
Le pinson et le lilas, les deux témoins.
Rendez-moi mon épouse,
Nous nous aimions d'amour.
Son cœur et le mien ne formaient qu'un seul cœur.
Et lorsqu'elle mourra, je mourrai.

Mais la mère de Belladonna n'écoutait pas ; elle s'avançait toujours vers la maison, pressée de désenchanter sa fille, grâce à une certaine eau qu'elle tenait d'une fée, son amie.

Pourtant le pauvre rosier se mourait ; un pétale, puis deux, puis trois tombèrent en chemin. Les autres les suivirent, et lorsque la mère de Belladonna arriva chez elle, le rosier tout entier était desséché.

Le rossignol avait suivi son épouse ; tous les matins pendant trois jours, il chanta tristement sur le grenadier.

Le quatrième jour, le rossignol ne chanta pas. Lui aussi était mort de douleur.

Conté en 1881 par Alexandre d'Aurelio, propriétaire à Olmiccia-di-Tallano.

Les Contes populaires de l'île de Corse par J.-B. Frédéric Ortoli, éditions CPE Romorantin

Lundi **19** René — semaine 44

Mardi **20** Adeline

Mercredi **21** Céline

Jeudi **22** Elodie

Vendredi **23** Jean de C.

Samedi **24** Florentin

Dimanche **25** Crépin

Le saviez-vous ?

RESULTAT (Risultatu)

"Si restatu in tron' di capechja." (Tu es resté en...)
Cette expression s'adresse à celui qui a échoué de peu. La traduction mot à mot est difficile. Le mot « capechja » a deux significations : en premier lieu « tête de linote » ; en second lieu « brin de soie (de porc ou de sanglier) garnissant la tête d'un bout de ligneul » (« Vucabulariu » d'Anton' Francescu Filippini). Rappelons que le ligneul est le gros fil enduit de poix utilisé par les cordonniers pour coudre le cuir. Cette locution semble évoquer la rupture (troncu, de truncà : casser) de ce « brin de soie » pendant le travail de couture.

On dit aussi, en de telles circonstances: "Per un puntu Martin' perse la cappa!" (Pour un point, Martinu perdit la cape!).

Lorsqu'en revanche, un point en plus ou en moins n'a que peu d'importance, on s'exclamera:
"Trenta, trent' ondeci..." (Trente, trente onze...)
Faisant appel à un chiffre imaginaire, on exprime de façon plaisante que l'on n'est guère préoccupé par le résultat. Cette formule rappelle par sa forme une expression marseillaise: "trente et un, trente deux". Mais l'intention est différente, car cette dernière signifie que l'on accepte de courir les risques que comporte une action.

Dans le même sens que "trenta, trent' ondeci..." on dit aussi, plus simplement:
"Trenta, trent' unu!" (trente, trente et un!)
Cette locution peut également signifier "au point ou nous en sommes, autant aller jusqu'au bout." Elle a peut-être été inspirée par le dicton: « Di trenta o trent'unu, San' Martinu hè l'ondeci. », qui signifie: « Que le mois soit de trente ou de trente et un jours, St Martin est (invariablement) le onze (novembre). »

A rappr. : « Chie faghe' trinta non semper faghe' trintunu. » (Qui fait trente ne fait pas toujours trente et un. - sarde/logudorese).

Jean-Guy Talamoni, Dictionnaire commenté des expressions corses,
Prix du Livre Corse 2005, DCL éditions.

Expression

VOULOIR LE BEURRE ET L'ARGENT DU BEURRE

Cette expression signifie « tout vouloir sans contrepartie », « vouloir gagner sur tous les plans ».

L'usage de cette expression nous vient au moins de la fin du XIXe siècle. Le bon sens paysan veut qu'on ne puisse pas, honnêtement, vendre le beurre qu'on vient de fabriquer, en garder l'argent, mais garder aussi le beurre, histoire de pouvoir le revendre encore et encore.

semaine 45

Lundi 26 Dimitri	Mardi 27 Emeline ●	Mercredi 28 Jude
Jeudi 29 Narcisse	Vendredi 30 Bienvenue	Samedi 31 Quentin

JARDIN

Pour manger les fraises directement au jardin

Quoi de plus agréable que de passer entre les plants de fraisiers et de les déguster directement au jardin ?

Pour planter vos fraisiers, il est préférable de le faire à la fin de l'été et en début d'automne, la terre est encore chaude et l'humidité plus présente à cette époque de l'année.

Faites attention à l'emplacement dans le jardin, les fraisiers sont une culture pérenne qui reste en place plusieurs années (3 à 4 ans).

Avant la plantation assurez-vous que le terrain est bien désherbé; si vous avez du compost, étalez-le. Bêchez le sol sur une trentaine de centimètres de profondeur de façon à ameublir la terre un maximum. Avant de bêcher vous pouvez mettre un peu d'engrais à libération lente.

Vous pouvez acheter vos plants de fraisiers en godets en jardinerie, ils sont déjà enracinés et leur reprise est quasiment assurée. Mais vous pouvez aussi planter des stolons (portions de tige qui se sont développées et ont formé des racines par elles-mêmes) que vous aurez récupérés sur des fraisiers anciens.

Plantez vos fraisiers tous les 30 cm environ; si vous plantez plusieurs rangs, essayez de mettre les plants en quinconce. Creusez un trou au plantoir, déposez le plant raciné et comblez de terre. Ne tassez pas les racines, elles doivent pouvoir respirer. Arrosez jusqu'à la reprise totale des plants.

Un petit truc pour avoir des fraises bien propres: mettez un peu de paille au sol.

BRICOLAGE

Un coup de marteau malencontreux sur du bois

Un petit truc simple peut vous aider à résorber la marque. Appliquez un torchon imbibé d'eau tiède, replié en quatre sur la marque du marteau, puis appuyez avec un fer à repasser, puissance maximum, sur le torchon. La vapeur va faire gonfler le bois, qui reprendra peu à peu sa forme. Vous pouvez répéter l'opération plusieurs fois.

SANTÉ

Activer la circulation sanguine

Faites une infusion de vigne rouge: laissez infuser pendant 10 minutes 1 c. à café de feuilles sèches de vigne rouge dans une tasse d'eau chaude. Filtrez et buvez une à trois tasses par jour.

BEAUTÉ

Pour attaquer l'automne en pleine forme

Faites le plein de vitamines, buvez chaque main un cocktail vitaminé aux fruits.

Versez 50 cl de jus d'orange pressée, 2 bananes et 3 pommes dans un mixer. Servir frais.

petit PROVERBE

« Il faut que les principes d'une politique soient faits de justice et de vérité. »

Démosthène

Image d'hier

Mois de Novembre

NOVEMBRE MOIS MORT, VÊTIS-TOI PLUS FORT

LA nèfle est une petite coupe couronnée. Dans son coin de jardin, l'arbre, bien qu'à retardement, veut trinquer avec l'automne et brandit des milliers de verres à tout venant. Il a ses lunes, que mon père respectait, et c'est ainsi qu'on rentrait au bon moment des caisses de fruits qu'on déposait au grenier, sur un lit de paille. Les courts après-midi de novembre de jadis, quand ils étaient blets, je leur rendais souvent visite dans la pénombre et pressais entre mes lèvres la pâte doucereuse. C'était notre abondant dessert de pauvres. Et quand, en plein janvier, le froid avait dépouillé l'arbre, nous disputions encore aux oiseaux les quelques fruits qui étaient restés au bout de leur brindille nue, exposés au vent glacé et qui étaient bien sûr les plus savoureux.

Pere Verdaguer

Si la vie est un bien, la mort est son fruit ;
si la vie est un mal, la mort est son terme.

Louis-Philippe de Ségur (Pensées et maximes) 1823

LE SCOOTER

Le scooter a fait irruption dans la vie des Français dans les années 1950.

Le scooter nous est venu d'Italie. Cependant, c'est bien une société française, Auto-fauteuil, qui fabriqua les premiers scooters en 1902… Les Américains se l'approprieront et il sera utilisé par le corps parachutiste durant la Seconde Guerre mondiale, ainsi que par les mécaniciens sur les aéroports militaires US. Les ingénieurs de Piaggio entretenaient des avions US sur les bases italiennes en 1945. Cet engin les inspirera : ce sera le scooter Vespa.

La première vague de scooters dans les années 1950 constitue un véritable phénomène de société. Qui n'avait pas son scooter ? On racontait l'histoire du petit vieux qui séduisait encore les jeunes filles. Comme on lui demandait son secret, il répondait malicieusement : « J'ai un scooter ! »

Sa particularité par rapport à la moto, c'était son cadre ouvert formant plancher, et ses petites roues. Dans ce large espace entre les roues on peut facilement poser les pieds. On n'est plus « à cheval » comme sur une moto, mais assis. De plus, le scooter est très maniable. Il tient moins bien la route aussi… diront ses détracteurs. C'est vrai. Mais il n'était pas fait pour la vitesse, seulement pour se faufiler plus facilement dans la circulation des villes.

On racontait qu'il avait été créé pour les ecclésiastiques, qui étaient en soutane à l'époque, rappelons-le… Cette position assise était donc intéressante. De même pour les femmes qui étaient majoritairement en robe… ne l'oublions pas… et qui se trouvaient également parfois dans une situation… intéressante…

Il existait un concurrent à Vespa : Lambretta. Le scooter Vespa était réputé pour sa nervosité, le Lambretta pour sa réputation de fiabilité ainsi qu'une meilleure tenue de route… C'est ce qu'on disait à l'époque. Ayant besoin d'un moyen de locomotion pour mes déplacements, après avoir essayé le Bima Peugeot, un vélomoteur 49 cm^3, je fis l'acquisition d'un scooter Lambretta. C'était en 1956, donc le modèle D, 125 cm^3. Je l'ai acheté à crédit évidemment… et comme je suis parti au service militaire avant de l'avoir entièrement payé, c'est mon père qui a fini… L'ennui, c'est que je ne l'avais pas prévenu !… Je dois dire qu'il a assumé bravement…

J'avais choisi le Lambretta pour le côté pratique que j'ai évoqué. Point besoin de se déguiser en motard… Le dimanche, je m'habillais « en dimanche »… évidemment… Je pouvais circuler sans risquer de me salir… J'avais un casque… mais rien à voir avec les casques intégraux de maintenant…

Une nuit, je roulais tranquillement. Soudain, je vis une forme rousse passer devant moi : un renard ! Pour l'éviter, je fonçai droit dans le fossé. Il était en contrebas et je fus arrêté par un gros arbre, sans dommage pour mon véhicule et moi. Mais pour le hisser jusqu'à la route, je ne vous dis pas !… J'étais jeune !…

Ah ! Oui, vraiment… Vive les joies du scooter !

Gérard Nédellec

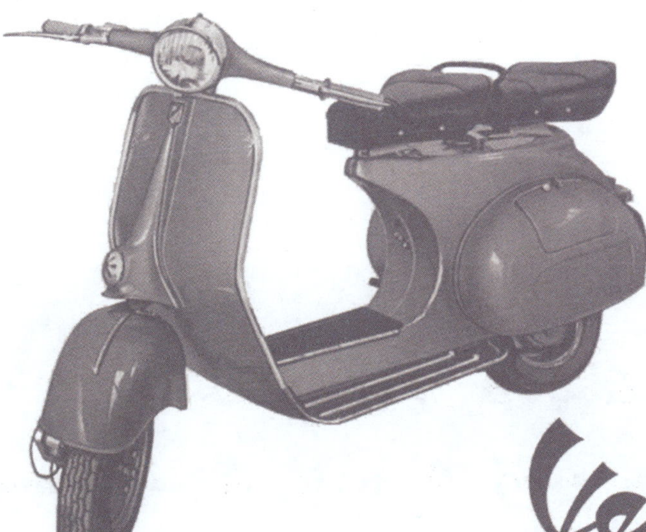

Vespa

HARPALIONU

Un âne se mit un jour en tête d'aller faire fortune.

Le voilà rompant son licol et courant, courant dans la prairie. L'herbe était haute et savoureuse et les chardons n'y manquaient pas. Heureux de cette bonne chance, le baudet se mit à braire tant et si fort et si joyeusement, qu'un lion qui, par hasard, se trouvait par là, vint voir de quoi il s'agissait.

À la vue de l'âne, il resta étonné. Jamais dans ses courses il n'avait vu un pareil animal.

Après quelques instants, il s'approcha pourtant du baudet et lui demanda : « Comment t'appelle-t-on?

— Harpalionu.

— Harpalionu ?

— Oui.

— Tu es donc si fort pour oser te dire au-dessus des lions ?

— Dans le monde entier, il n'est pas d'être auquel on puisse me comparer.

— Eh bien ! puisque tu as une force aussi prodigieuse je vais te proposer un marché.

— Et quoi ?

— C'est de faire un traité afin de nous liguer contre tous les autres animaux.

— Je veux bien, dit l'âne. »

Et les voilà partis tous les deux à travers champs.

Or, il arriva qu'il fallût traverser une rivière.

D'un saut, le lion atteignit la rive opposée. L'âne, au contraire, se mit à nager si maladroitement, qu'il risqua mille fois de se noyer.

Enfin, il réussit à la passer.

« Comment, dit le lion, étonné de tant de maladresse, tu ne sais donc pas nager ?

— Moi ! Je nage mieux qu'un poisson.

— Et alors, pourquoi es-tu resté si longtemps à traverser ce ruisseau ?

— Ah ! c'est qu'avec ma queue j'avais pris un énorme poisson, si gros, si gros, que son poids me faisait foncer. J'ai été obligé de le laisser pour venir te trouver. »

Le lion se contenta de la réponse, et, de nouveau, les deux animaux se mirent en route.

Une muraille se présenta bientôt.

Le lion la franchit d'un bond.

Suite page 113

Recette

Gelée de groseilles

Pour 4 personnes

1 litre de jus
750 g de sucre cristallisé

1. Égrenez les groseilles et mettez-les à crever sur le feu avec un peu d'eau. Passez-les dans un linge bien attaché avec une ficelle et laissez-les s'égoutter dans un saladier.
2. Mesurez le jus et ajoutez 750 g de sucre cristallisé par litre de jus recueilli.
3. Faites cuire et écumez. Vérifiez si la consistance est satisfaisante en prélevant quelques gouttes déposées sur une assiette froide. Mettez en pots la gelée encore chaude.
4. Couvrez le lendemain

Dimanche 1er Toussaint

LES SEPT PAIRES DE SOULIERS DE FER ET LES TROIS BAGUETTES DE BOIS

Catarinella et ses deux sœurs allaient chercher du bois au pied du Monte Incudine, et tous les jours une voix disait à la plus jeune : « Catarinella, monte plus haut. »

Les jeunes filles eurent d'abord bien peur ; mais à force d'entendre cette voix qui l'appelait, Catarinella finit par s'y familiariser.

Un jour elle dit à ses sœurs : « Voulons-nous monter voir ce que veut cette voix ?

— Oh ! la sotte ! veux-tu nous faire tuer ?

— Il faut que je sache ce que l'on me veut.

— Tu ferais bien mieux de ramasser ta charge de bois et de retourner à la maison. »

Mais la jeune fille, qui était courageuse, ne voulut rien entendre. Elle embrassa ses sœurs et partit du côté d'où la voix semblait venir.

À mesure qu'elle avançait vers le sommet du Monte Incudine, la voix disait toujours : « Catarinella, monte, monte plus haut. » Et Catarinella montait.

Après avoir voyagé une grande partie de la journée, la jeune fille trouva un jardinier qui, la voyant, lui dit aussitôt : « Ah ! pauvre enfant, qu'es-tu montée faire ici ? Tu mourras si tu n'accomplis la chose que l'on doit t'imposer. »

Et le jardinier conduisit Catarinella dans la plus belle salle du plus beau château qui se fût jamais vu.

Cette salle était remplie de statues. L'homme qui les gardait lui dit : « Catarinella, si tu n'accomplis ce que je vais te dire, pour toujours la parole séchera sur tes lèvres, tes yeux se fermeront à la lumière et de vivante tu deviendras morte.

— Ah ! mon Dieu ! et que faut-il faire pour me sauver ?

— Viens ici.

— Voilà.

— Vois-tu ces statues ? elles sont là pour ne pas avoir accompli la tâche que je leur avais imposée ; mais comme tu es belle et charmante, ta tâche à toi sera beaucoup plus douce que celle des autres.

— Que me faut-il faire ?

— Viens encore par ici. » Catarinella s'approcha.

« Regarde.

— Je vois des hommes, tous habillés comme des princes. Le moindre d'entre eux est sans doute un comte ou un marquis.

— C'est bien. Vois-tu maintenant celui qui est là, dans cette niche ?

— Oui.

— C'est le fils du roi ; il n'a que vingt ans et tu dois l'épouser.

— L'épouser ? Ah ! malheureuse que je suis ; mais il faut lui rendre la vie !

— C'est justement ce que tu dois faire. Si tu ne peux y réussir, tu seras changée en statue de pierre pendant cent fois cent ans ; mais si tu fais tout ce que je te dirai, tu réussiras, et tous les trésors qui sont ici t'appartiendront. Tu pourras alors célébrer ton mariage.

— Que faut-il donc faire ?

— Il faut que tu uses ces sept paires de souliers de fer et ces trois baguettes de bois. Tu iras de château en château, de village en village ; tu passeras par les routes ou

Lundi **2** Défunts (semaine 46)	Mardi **3** Hubert ◐	Mercredi **4** Charles
Jeudi **5** Sylvie	Vendredi **6** Bertille	Samedi **7** Carine
Dimanche **8** Geoffroy		

Expression

TIRER À PILE OU FACE

Tirer à pile ou face c'est se remettre au hasard pour un choix ou pour trancher en cas de litige.

Depuis la nuit des temps, les hommes font appel au destin pour prendre des décisions. Vols d'oiseaux, lecture dans les entrailles des animaux… puis dès qu'elles apparurent, pièces de monnaie. On lance une pièce et lorsqu'elle retombe, le côté visible est porteur de la décision. Dans la Rome antique, on jouait déjà à « croix ou face », les pièces portant d'un côté une croix, de l'autre le portrait de Janus. Puis depuis le Moyen Âge jusqu'au XVIe siècle on joua à « pile ou croix », la pile étant la marque du coin avec lequel on frappait le revers des monnaies. Enfin, Henri II imposa que les pièces comportent une pile et une face, à l'effigie du souverain. D'où l'expression que nous connaissons encore aujourd'hui : tirer à pile ou face.

tu en feras, mais tu ne retourneras ici que lorsque les sept paires de souliers de fer et les trois baguettes de bois seront complètement usées, les unes à force de frapper aux portes, les autres à force de parcourir des royaumes. »

Catarinella prit ses souliers, ses baguettes et partit.

Elle voyagea trente jours et trente nuits sans s'arrêter. Enfin elle rencontra une forêt. Elle y entra et vit une petite lumière.

« Si je pouvais arriver jusque là, dit la jeune fille, je pourrais y passer la nuit. »

Elle pressa le pas et trouva une maison en ruine, toute couverte de lierre et de ronces.

Pan ! pan !

« Qui est là ?

— Ouvrez ; je suis une pauvre fille qui demande l'hospitalité pour cette nuit. »

Un vieillard lui ouvrit. Sa barbe, longue et blanche, lui tombait jusqu'aux genoux.

« Entrez, mon enfant ; il y a cent ans que je n'ai vu un visage humain. Mais, dites-moi, où allez-vous ainsi ?

— Je cours par le monde jusqu'à ce que j'aie usé ces sept paires de souliers de fer et ces trois baguettes de bois. »

Et Catarinella lui fit le récit de ce qui lui était arrivé.

Le lendemain, la jeune fille voulut partir.

Le vieillard lui dit : « Voilà une poire avec laquelle tu peux jouer une musique merveilleuse. Tu arriveras devant le palais du roi tout en jouant, et si tu dis alors : “Poire, poire, ne m'oublie pas”, aussitôt sortira de terre le palais où le fils du roi se trouve enchanté. »

Catarinella continua sa route.

Après avoir traversé bien des fleuves et passé bien des montagnes, elle trouva dans une plaine immense un pauvre homme qui bêchait près de sa cabane.

« Voulez-vous m'accorder l'hospitalité pour quelques instants ?

— Qui es-tu ? Les années ne se comptent plus depuis que j'ai quitté les hommes.

Suite page 114

semaine 47

Lundi **9** Théodore

Mardi **10** Léon

Mercredi **11** Armistice 1918

Jeudi **12** Christian

Vendredi **13** Brice

Samedi **14** Sidoine

Dimanche **15** Albert

Corté

Suite de la page 109

Le malheureux baudet ne put faire une aussi grande diligence.

Il leva d'abord ses pattes de devant, puis, par un suprême effort, il réussit à monter sur le mur. Mais alors, il ne put plus ni avancer ni reculer.

« Eh bien ! que fais-tu donc là ? cria le lion.

— Ne vois-tu pas que je me pèse ? Je veux voir si la partie de devant est aussi lourde que celle de derrière. »

Enfin, après bien des efforts, Harpalionu franchit le mur.

Une fois par terre, le lion dit à son compagnon : « Je crois que tu me trompes, car à ce que je vois, tu n'as aucune force.

— Tu crois ? Eh bien ! parions à celui qui le premier jettera cette muraille par terre. »

Aussitôt le lion se met à donner de grands coups de pattes dans le mur. Mais il ne faisait que se blesser sans aboutir à rien.

Au bout de quelques instants, il s'arrêta.

« Moi, je ne puis le démolir. Voyons si tu seras plus heureux. »

L'âne se mit alors à ruer de telle sorte, qu'en peu d'instants le mur fut à bas.

« Eh bien ! que dis-tu de cela ? te crois-tu encore plus fort que moi ?

— Jusqu'à présent, dit le lion, je me croyais le plus fort des animaux, mais je vois que je me trompais ; tu l'es beaucoup plus que moi.

— Et encore, reprit Harpalionu, tu ne sais pas de quoi je suis capable.

— Qu'as-tu donc de si extraordinaire ?

— Je mange des épines.

— Des épines ?

— Oui.

— Je serais bien curieux de voir cela.

— Tiens, vois-tu celles qui se balancent là ?

— Oui.

— Je vais les manger. »

Et Harpalionu se mit à tondre de beaux chardons tels qu'on n'en a jamais vu de pareils. Émerveillé de tout cela, le lion dit à son ami : « Vraiment tu es un animal extraordinaire, aussi je vais te faire nommer le roi des lions.

— Je veux bien, dit l'âne. »

Une réunion de tous les lions de la contrée eut lieu le lendemain, et Harpalionu fut reconnu comme roi.

Dans cette nouvelle position, notre baudet vécut fort heureux pendant de longues années, d'autant plus qu'il ne disputait jamais à ses sujets les animaux qu'ils avaient tués.

Enfin, les maladies qui ne respectent jamais la vieillesse assaillirent Harpalionu, de sorte qu'un beau matin, tous les lions le trouvèrent mort.

Ils l'enterrèrent en grande pompe, et, pendant longtemps, les plaines et les forêts retentirent de leurs terribles hurlements de douleur.

Conté en 1882 par Antoine Joseph Ortoli [Olmiccia].
Les Contes populaires de l'île de Corse par J.-B. Frédéric Ortoli, éditions CPE Romorantin

Le saviez-vous ?...

RICHESSE ET PAUVRETE

La pauvreté peut donner lieu à des moqueries, parfois très cruelles:
"Un hà nè ortu nè vinghja,
Ghjiseppu hà a tinghja!"
(Il n'a ni jardin ni vigne,
Joseph a la teigne!)

L'ancien pauvre, enrichi, reste l'objet de railleries:
"Un pidochju rifaticciu." (Un pou qui s'est refait une santé.)
Cette expression est l'équivalent des locutions italiennes "pidocchio rifatto"(pou refait) et "pidocchio rivestito"(pou rhabillé). En langue corse, on dit également « pidochju rifattu ».

Illustr. : « ...per avellu cunusciutu miserabile, dicìanu fra d'elli : "Veramente… Un si ricorda più 'ssu pidocchju rifattu…" » (... pour l'avoir connu misérable, ils disaient entre eux : « Vraiment… Il ne se souvient plus ce pou refait… »)
Sebastianu Dalzeto, « Pesciu Anguilla », 1930.

Quant à ceux qui sont prêts à tout pour s'enrichir, ils sont l'objet d'une forte déconsidération sociale:
"Per u corpu vendenu l'anima." (Ils vendent l'âme pour le ventre.)

Jean-Guy Talamoni, Dictionnaire commenté des expressions corses, Prix du Livre Corse 2005, DCL éditions.

Lundi **16** Marguerite — semaine 48

Mardi **17** Elisabeth

Mercredi **18** Aude

Jeudi **19** Tanguy ◑

Vendredi **20** Edmond

Samedi **21** Prés. Marie

Dimanche **22** Prés. de Marie

Suite de la page 111

— Je suis une malheureuse qui cherche à user sept paires de souliers de fer et trois baguettes de bois. »

Et Catarinella raconta son histoire.

« C'est bien ; voilà une noix avec laquelle tu peux jouer tous les airs qu'il te plaira.

— Merci, mon brave homme.

— Si tu dis : “Noix, noix, ne m'oublie pas”, il sortira de terre le moulin du roi, qui se mettra à tourner et à moudre tout le grain que l'on voudra. Pars, maintenant ; sur ton chemin tu rencontreras un ermite qui, lui aussi, te donnera quelque chose. »

En effet, Catarinella rencontra l'ermite un an plus tard.

Celui-ci lui donna une amande avec laquelle on pouvait faire parler et danser même les morts.

Longtemps après, la jeune fille arriva dans la cité du roi.

Là, ayant rencontré une procession qui accompagnait un mort, elle se mit à jouer de son amande.

Aussitôt le mort se leva et se prit à parler et à danser, au grand étonnement des assistants.

Émerveillé, tout le monde entoura Catarinella, et le roi, présent justement, car c'était un grand de la cour qu'on enterrait, demanda à la jeune fille : « Combien veux-tu de ton amande ?

— Je ne la vends ni pour or ni pour argent.

— Je te donne ma ville et mon palais.

— Je ne la donnerai jamais, serait-ce même pour un royaume. »

Le roi fut forcé de laisser Catarinella ; mais avant de partir il lui dit : « Viens chez moi ; je t'attends ce soir.

— J'irai, » dit celle-ci.

Le soir, Catarinella vint jouer de sa noix devant le palais du roi.

C'était une si merveilleuse musique que le souverain se leva de table pour voir ce que c'était.

Il vit son moulin tournant, tournant toujours devant lui.

« Ah ! que c'est beau ! Catarinella, Catarinella, vends-moi ta noix.

— Non, je ne la vendrai pas.

— Puisque tu ne veux rien vendre, continue à jouer de ta noix. »

Catarinella prit alors sa poire et continua à enchanter tout le monde par sa mélodie.

À mesure qu'elle jouait, on voyait s'élever peu à peu le château où était changé en statue le fils du roi.

Enfin la salle des statues apparut.

Lorsque le roi reconnut son enfant, il devint comme fou.

« Catarinella, vends-moi ta poire ; prends mes trésors, ma vie ; prends ce que tu voudras, mais donne-moi ta poire.

— Non, répondit la jeune fille ; mais si vous voulez votre fils, suivez-moi.

— Et où irons-nous ? Je ne vois plus le palais où mon fils est enchanté. »

En effet, le palais avait disparu aux derniers accords de la poire.

« Pour retrouver votre fils, il vous faut l'aller chercher loin, bien loin, au Monte Incudine ; prenez votre voiture et partez. »

Le roi fit atteler immédiatement ses plus beaux chevaux, puis il dit à Catarinella : « Monte vite à mes côtés, afin d'arriver plus tôt.

— Ah ! non ; il faut que je marche à pied. Il me reste encore à user une paire de souliers de fer. Allez toujours devant vous, et lorsque vous rencontrerez le Monte Incudine vous vous arrêterez. Prenez bien garde surtout d'avancer quand une voix vous dira de monter plus haut ; il vous faudrait user, comme moi, sept paires de souliers de fer et trois baguettes de bois avant de pouvoir désenchanter votre enfant.

— Merci, Catarinella », dit le roi. Et il partit.

Après avoir voyagé bien longtemps, la jeune fille s'aperçut avec plaisir que ses souliers de fer et ses baguettes de bois étaient complètement usés.

En ce moment le Monte Incudine n'était pas bien loin, et elle fut arrivée avant le coucher du soleil.

Au pied de k montagne elle rencontra le roi.

« C'est bien ; attendez-moi encore un peu et je viendrai vous chercher. »

Lorsque Catarinella mit les pieds dans le château, les arbres de la forêt se mirent à chanter, les pierres à danser et les bêtes à parler.

Et tout cela disait : « Bonjour, Catarinella, bonjour. »

Lundi **23** Chris. Roi — semaine 49

Mardi **24** Flora

Mercredi **25** Catherine ●

Jeudi **26** Delphine

Vendredi **27** Séverin

Samedi **28** Jacq. de la M.

Dimanche **29** Saturnin

Et Catarinella disait à tous : « Bonjour, bonjour. »
Le gardien vint à sa rencontre.
« Les souliers et les baguettes sont-ils usés ?
— Oui, les voilà.
— C'est bien.
— Je veux maintenant ressusciter le fils du roi.
– Non, attends un peu. Donne la vie auparavant à tous ceux qui l'entourent, afin qu'il ne se trouve pas seul lorsqu'il reviendra à lui.

Catarinella trempa alors un morceau de baguette de bois dans une eau que lui donna le gardien du château et toucha les statues en disant : « Par cette eau je te donne la vie. »

Et, à mesure qu'elle disait ainsi, les statues se mettaient à marcher et à parler comme avant leur entrée an château enchanté.

Arrivée enfin an fils du roi, Catarinella le frappa de trois petits coups tout en disant : « Par cette eau je te donne la vie. »

Le prince se réveilla.
« Où est mon père ?
— Il est ici, tout près. »
Et la jeune fille alla le chercher.

Jugez de la joie du roi en embrassant son fils ; il semblait vouloir l'étouffer tant il le serrait sur son cœur.

Mais bientôt il dit : « Mon enfant, cette jeune personne a parcouru le monde pour vous sauver ; il est donc juste que vous l'en récompensiez en l'épousant. »

Le fils du roi ne demandait pas mieux, car Catarinella était bien belle.

Les noces se firent donc le jour même ; on invita tous les compagnons de captivité du prince, lesquels, heureux de vivre, se dédommagèrent, en buvant et mangeant comme quatre, du jeûne forcé qu'ils avaient dû faire.

Quelques jours après, Catarinella et son époux partirent pour leur royaume.

Arrivés dans la capitale, toutes les cloches se mirent à sonner de joie, et, pendant trois semaines, on entendit la plus belle musique qu'il soit possible d'imaginer.

C'étaient la poire, la noix et l'amande qui donnaient un concert à tout le royaume.

Conté en 1882 par Madame Marini,
de Porto-Vecchio

Les Contes populaires
de l'île de Corse
par J.-B. Frédéric Ortoli,
éditions CPE Romorantin

Le saviez-vous ?

RISQUE (Risicu)

« Anderà cum'ella anderà. » (« Ca ira comme ça ira. », c'est-à-dire : « Advienne que pourra. »)
Illustr. : « Ch'emu da facci ? Lascemu corre, dicendu cume ziū prete bon'ānima : « Andarā cum'ella andarā ! » » (Que peut-on y faire ? Laissons courir, en disant comme l'oncle curé, bonne âme : « Advienne que pourra ! »)
Antoine Bonifacio, « Mondu d'oghje », 1934.
Il existe une expression, d'une tonalité un peu différente, ayant la même signification:
" O merda o barretta rossa! " (Ou merde ou barrette rouge!)
Fernand Ettori, précisant que cette expression est usitée dans la région du Niolu, mentionne: "La réussite sociale est ici symbolisée par la barrette rouge des cardinaux comme si les Corses d'autrefois, sans avoir lu "Le Rouge et le Noir", pensaient que la carrière ecclésiastique est la seule voie ouverte aux grandes ambitions." (« Anthologie des expressions corses », 1984). Tout comme Fernand Ettori, nous étions persuadé que cette locution était née en Corse. Il semble cependant que son origine soit extérieure à l'île, puisque nous l'avons retrouvée dans un recueil ligurien ("O merda o berretta rössa"), accompagné du commentaire suivant: "Che per i genovesi è come dire, forse un po' meno elegantemente, "O la và o la spacca" oppure se preferite il genere patriottico: "O Roma o morte". Il fatto è che gli abitanti della Superba e delle due Riviere, ignorando la popolarità che a questa esclamazione ha dato il generale Cambronne, l'hanno sempre usata ogni volta che una situazione richiedeva rischio e decisione." (Car pour les Génois c'est comme dire, peut-être de façon un peu moins élégante, « Ou ça passe ou ça casse » ou bien si vous préférez le genre patriotique : « Ou Rome ou la mort ». Le fait est que les habitants de la Superbe et des deux Riviere, ignorant la popularité que le général Cambronne a donné à cette exclamation, l'ont toujours utilisée chaque fois qu'une situation exigeait une prise de risque et de décision.)
Ennio Celant, "Proverbi liguri", 1990.
Jean-Guy Talamoni, Dictionnaire commenté des expressions corses, Prix du Livre Corse 2005, DCL éditions.

Lundi **30** André

semaine 50

à faire

rendez-vous

JARDIN

Taillez votre glycine pour qu'elle soit resplendissante

Ne vous y trompez pas : la glycine a beau être une plante robuste, qui ne nécessite pas d'entretien particulier, et que nous avons tendance à laissée livrer à elle même, aime bien que l'on s'occupe d'elle.
La glycine adore le soleil : plus elle est au soleil et plus le fleurissement sera abondant.
Rajeunissez-la avec le sécateur et la scie d'étalage
La glycine, comme beaucoup d'autres arbustes, se dégarnit au pied en vieillissant, alors les jolies fleurs ne sont plus à hauteur de regard. Avec la taille vous pouvez non seulement contrôler le sens de pousse des nouvelles branches et favoriser ainsi l'apparition de bourgeons inférieurs (taille de rajeunissement), mais également et surtout aider à une floraison plus abondante (taille de floraison).
Vous pouvez effectuer la taille durant toute la période de repos végétatif, c'est-à-dire dès la chute des feuilles jusqu'à la fin de l'hiver. Attention : ne taillez jamais la glycine durant les périodes de gelées.
Pour favoriser une belle floraison, vous ne devez pas tailler les nouvelles pousses de l'année (très important), car les fleurs apparaissent sur les tiges de l'année précédente.
En hiver, taillez les pousses latérales, ne laissant qu'un ou deux yeux. Cette taille consiste à ne laisser que la branche principale. Coupez court toutes les tiges partant de cette branche principale.
Lors de la floraison, supprimez au fur et à mesure toutes les fleurs fanées ; les graines peuvent être très toxiques.

BRICOLAGE

Un petit truc pour nettoyer les pinceaux durcis

Vos pinceaux sont devenus plutôt secs et durs. Vous pouvez les récupérer, si la peinture n'est pas trop vieille évidemment ! Mettez vos pinceaux dans une vieille casserole emplie d'eau avec de la lessive en poudre et laissez bouillir, ils reviendront comme neufs.

SANTÉ

Apaiser des maux de tête

Trempez des compresses dans du jus de citron. Appliquez-les sur le front et les tempes. Laissez agir pendant 15 minutes. On peut aussi poser directement les rondelles de citron sur le front.

BEAUTÉ

Pour lutter contre l'acné

Après avoir soigneusement nettoyé la peau, faites bouillir cinq feuilles de laitue dans un demi-litre d'eau. Laissez bouillonner pendant dix minutes et filtrez. Attendez que la lotion soit froide pour la passer comme tonique sur la peau. C'est un excellent tonique contre l'acné.

petit PROVERBE

« Les défaites de la vie conduisent aux grandes victoires. »

Max-Pol Fouchet

Image d'hier

Mois de Décembre

DÉCEMBRE DE FROID TROP CHICHE, NE FAIT PAS LE PAYSAN RICHE

C'EST un quignon d'année, presque rien, ce jour du 31 décembre. Un reste de calendrier accroché à nos souliers. Et pourtant qu'il est lourd de récapitulations, de capitulations, de dilations, de pétulances, si on s'arrête à le contempler ! On se frotte plutôt au sol afin de s'en défaire, ou on le met bien sagement dans un dossier. Car ce qui compte, pour l'instant, c'est d'entamer la page toute blanche qui nous attend. Saint Sylvestre, obéissant à l'ordre du temps, va se coucher et nous laisse dans l'attente. Nous nous étourdirons dans les préparatifs du réveillon. Cette petite mort, qui vient comme l'autre, m'angoisse. Enfin les douze coups dans un clocher fameux de la télé. L'an neuf nous tend un bout de fil qu'on tire doucement de l'écheveau inconnu dans l'étourdissement des réjouissances obligatoires.

Pere Verdaguer

Les enfants n'ont ni passé ni avenir ; ils jouissent du présent.

Jean de La Bruyère (Les caractères de l'homme) 1668

La nouvelle vague déferle

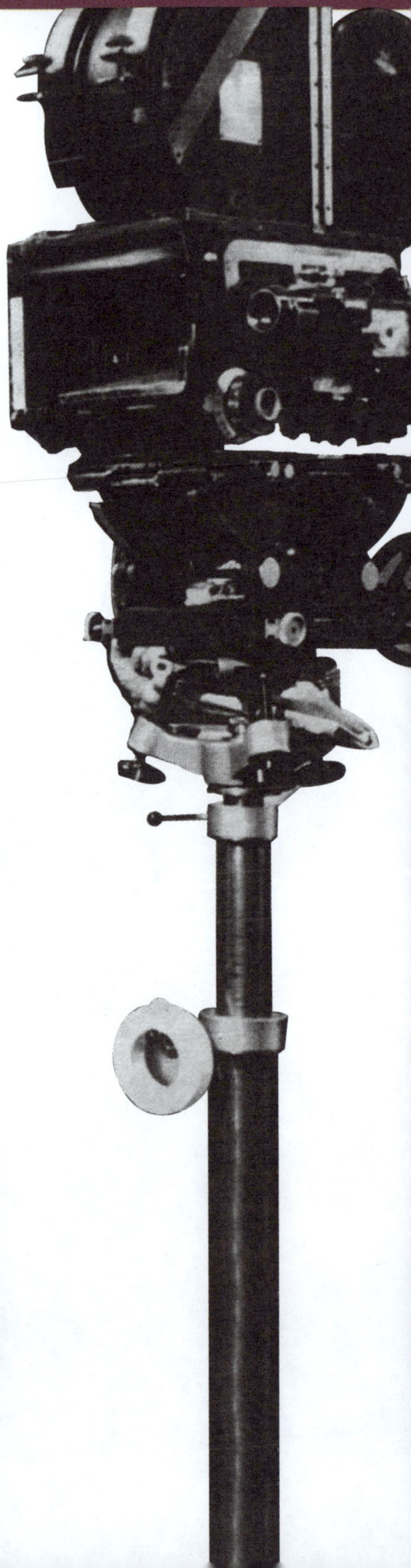

En 1959 la Nouvelle Vague déferle sur les écrans. Le terme génialement évocateur est dû à une brillante inspiration de Françoise Giroud co-fondatrice de *l'Express*. Issus de la jeune et irrévérencieuse critique des *Cahiers du cinéma*, les Truffaut, Rivette, Chabrol, Godard veulent en finir avec le ciné de papa perclus d'académisme. Surnommés les Jeunes Turcs, ils troquent rapidement la plume pour la caméra avec une réussite immédiate. Un tir groupé qui annonce le renouveau du cinéma français. Pour Truffaut et consorts 1959 est une suite ininterrompue d'essais magistralement transformés. À l'affiche se succèdent des opus majeurs comme *Le Beau Serge* et *Les Cousins* de Claude Chabrol, *Les quatre cents coups* de François Truffaut, *Hiroshima mon amour* d'Alain Resnais. En août Jean Luc Godard débute le tournage de *À bout de Souffle*, en appliquant les principes de la nouvelle doxa : utilisation d'une caméra légère, dialogues quasi improvisés, pour être au plus près de la vie réelle. Cette nouvelle façon de filmer transforme les techniques mais aussi le jeu d'acteur. Il ne s'agit plus de fabriquer un rôle mais de jouer nature afin que les spectateurs puissent s'identifier à des héros ordinaires. Les représentants de la Nouvelle Vague sont des auteurs à part entière et non de simples adaptateurs de romans. Les acteurs sont à l'unisson. Dans *À bout de souffle,* Jean Paul Belmondo, tendre voyou dont la vie n'est qu'une somme d'instantanés figure un antihéros. Quant à Jean Pierre Léaud parangon de l'anti-acteur il campe dans *Les quatre cents coups* un gosse effronté plus vrai que nature. L'exemple des Jeunes Turcs fait des émules : Louis Malle, Eric Rohmer, Agnès Varda, Maurice Pialat imposent leur style personnel tout en s'inspirant de leurs glorieux prédécesseurs. Plus tard une nouvelle génération prendra le relais, incarnée par André Téchiné, Jacques Doillon, Benoit Jacquot. Le réalisateur des *Quatre cents coups* a bien résumé ce qui à l'origine motivait les fondateurs de la Nouvelle Vague : « Un groupe sans programme qui voulait rajeunir le cinéma, faire des films plus personnels tournés dans des décors réels. »

Yves Bielinski

Extrait de l'Almanach des Années 60, éditions CPE Romorantin
En vente
chez votre marchand de journaux
et sur le site des éditions CPE
www.cpe-editions.com

Décembre

L'USTARIA DI I FIGLI DI DIAULI

SATAN le père dit un jour : « Sur terre, il existe une route par où passent beaucoup de voyageurs : c'est le chemin de la curiosité. Eh bien ! je veux établir une auberge où j'enverrai deux de mes fils qui y tiendront hôtel. Seulement je les ferai si laids, si laids, que pas un seul homme ne pourra passer sans leur dire : “Ah ! malheureux, qu'avez-vous fait pour être ainsi ?” » Sitôt dit, sitôt fait.

Le diable appela un de ses enfants, et pour le rendre aussi laid qu'il le désirait, il lui écrasa le nez, lui creva un œil, le rendit chauve et le marqua d'une tumeur affreuse sur le front. Il fit de même à l'autre, puis il dit : « Allez sur terre, établissez-vous sur le chemin de la curiosité, et envoyez-moi tous ceux qui vous demanderont ce qui vous est arrivé. Vous ne retournerez ici qu'après avoir trouvé quelqu'un d'assez dur pour passer indifférent devant vous. »

Les fils du diable partirent ; pendant mille ans, ils envoyèrent aux enfers une foule énorme de curieux. Aucune personne n'était passée sans se sentir émue de pitié ; mais à peine avait-on demandé : « Qu'avez-vous ? » qu'on se voyait assommé à coups de bâton et mis en pièces.

Les démons servaient ensuite la chair aux autres voyageurs.

Or, en ce temps, vivait une femme très pauvre. Après avoir vendu tout ce qu'elle possédait, elle en retira quarante-cinq francs qu'elle partagea entre ses trois fils.

Un matin, elle dit à l'aîné : « Mon enfant, prends ces quinze francs, pars et fais fortune. »

L'aîné quitta sa famille et prit le chemin de la curiosité, plus large et plus beau que les autres.

Il arriva ainsi à la porte de l'auberge, et comme il avait faim, il entra.

Mais à la vue des deux monstres, son cœur se souleva et il ne put s'empêcher de dire : « Malheureux ! quelle terrible maladie vous a donc rongés ainsi ? »

À peine avait-il prononcé ces mots qu'il tomba assommé de coups

Suite page 121

Recette

Brioche de Noël

Pour 6 personnes

250 g de farine
10 g de levure de boulanger
45 g de sucre
5 g de sel
1 jaune d'œuf
1 œuf
50 g de lait
25 g de raisins secs macérés dans le rhum
15 g d'écorce d'oranges confites
25 g d'écorce de citrons confits
40 g de noisettes hachées
50 g d'amandes hachées
1/2 zeste de citron
Sucre glace

1. Faites griller les noix et les amandes hachées au four.
2. Coupez les écorces confites en petits cubes.
3. Mélangez la farine, l'œuf, le jaune d'œuf, le lait, le sel, le sucre et la levure. Pétrissez la pâte jusqu'à ce qu'elle soit lisse puis ajoutez le beurre tiédi.
4. Lorsque la pâte est homogène, ajoutez les amandes, les noisettes, les écorces d'orange et de citrons, les raisins macérés au rhum ainsi que le zeste de citron. Réservez la pâte et laissez la doubler de volume dans un endroit chaud.
5. Puis disposez-la sur un plan de travail légèrement fariné et donnez lui la forme d'une large bûche incurvée au milieu à l'aide du rouleau à pâtisserie. Badigeonnez-la de beurre fondu et laissez-la à nouveau doubler de volume.
6. Ajoutez encore un peu de beurre avant de l'enfourner durant 40 minutes.
7. Une fois cuite, saupoudrez-la de sucre glace et de cannelle.

CAP CORSE
L.N. MATTEI
EXPOSITION COLONIALE INTERNATIONALE
PARIS 1931
HORS CONCOURS
MEMBRE DU JURY
1932

de bâton, et que son cadavre fut jeté dans un sombre souterrain.

Quelque temps après, la mère de ce malheureux dit à son second fils : « Mon enfant, prends tes quinze francs, pars et fais fortune. »

Et le deuxième frère partit aussi, et, comme son aîné, il prit la même route qui lui fut tout aussi fatale.

Pour la troisième fois, la mère dit à son dernier enfant : « Mon fils, prends tes quinze francs, pars et fais fortune. »

Celui-ci partit.

Sur son chemin il rencontra une belle dame qui lui dit : « Où vas-tu, Antonarello ?

— Je vais chercher fortune.

— Tu es bien jeune pour la trouver ; il faut avoir beaucoup d'expérience, connaître tous ses caprices de folle, et encore elle n'arrive pas toujours.

— Et que faut-il de plus pour la rencontrer ?

— Il faut qu'avec les quinze francs que tu emportes, tu m'achètes trois conseils.

— Je le veux bien dit Antonarello, car je vois que vous connaissez mes affaires beaucoup mieux que moi.

— Voici le premier conseil : Ne te mêle pas des affaires d'autrui. En veux-tu un autre ?

— Oui.

— Ne change pas la vieille route pour la neuve.

— Donnez-moi le troisième !

– Sois aveugle et sourd.

— Merci, madame, voici les quinze francs. »

Et Antonarello, sans s'apercevoir qu'il avait parlé à la bonne sainte Vierge, continua tranquillement son chemin. Pourtant quelle ne fut pas sa surprise, lorsqu'en mettant la main dans la poche, il trouva trois fois plus d'argent qu'il n'en avait donné. C'est un miracle, pensa-t-il, et, tout joyeux, il se remit en marche. Après avoir voyagé quelque temps, Antonarello trouva une bien belle route.

Si je prenais celle-ci ? se dit-il ; mais il se souvint du conseil qu'on lui avait donné, et bien lui en prit, car des voleurs étaient postés au détour du chemin et l'auraient infailliblement tué.

Quelques jours après, il rencontra plusieurs personnes qui se battaient : « Ah ! il faut les séparer », pensa Antonarello ; mais le deuxième conseil : « Ne te mêle pas des affaires d'autrui », le retint à sa place.

Il fut bien heureux : ceux qui se battaient déployèrent tant de furie qu'ils s'entretuèrent jusqu'au dernier, et le sage petit frère aurait péri comme les autres.

Enfin, après avoir marché bien des journées, Antonarello arriva devant l'Ustaria di i figli di u Diauli.

« Ah ! j'ai bien faim, les amis, qu'avez-vous à m'offrir ?

— Tout ce qu'il vous plaira. »

Suite de la page 119

Le voyageur se fit servir un excellent repas, mangea bien, but mieux encore, paya et sortit.

Un rugissement affreux se fit alors entendre, et un des diables s'adressant à Antonarello : « Homme de poussière, tu as donc le cœur bien dur pour passer indifférent devant nous ?

— Je ne me mêle pas des affaires des autres, et quand il le faut, je suis aveugle et sourd. »

Voyant qu'ils n'aboutiraient à rien, les démons s'avouèrent vaincus ; désespérés, ils brûlèrent l'auberge afin que personne n'y pût trouver un refuge, puis tout tremblants retournèrent aux enfers.

Satan le père les reçut fort en colère ; mais il les renvoya bientôt tenir hôtel sur un autre chemin. La récolte sera toujours abondante et les enfers ne chômeront pas.

Antonarello continua sa route. Je ne sais pas s'il a trouvé la fortune, mais il ne tardera pas à la rencontrer s'il met en pratique les conseils qu'il a reçus de la bonne sainte Vierge.

Conté en 1882 par mademoiselle Adélaïde de Alma [Porto- Vecchio].

Les Contes populaires de l'île de Corse par J.-B. Frédéric Ortoli, éditions CPE Romorantin

à faire

Mardi **1er** Florence

Mercredi **2** Viviane

Lundi **3** Fr. Xavier

Vendredi **4** Barbara

Samedi **5** Gérald

Dimanche **6** Nicolas

DE LA NAISSANCE À LA MORT

La Naissance et l'Enfance. — Si on refuse quelque chose à une femme enceinte, elle peut faire venir aux yeux des grains d'orge (orgelets).

Une demoiselle n'accepte jamais d'être marraine d'une fille, si c'est la première fois qu'elle est marraine car si elle se mariait, elle serait assurée de n'avoir que des filles et pas de garçons.

Si un enfant est baptisé dans les vingt-quatre heures qui suivent sa naissance, il fait sortir du purgatoire l'âme d'un de ses parents défunt.

Si au moment du baptême le parrain ou la marraine se trompent d'un seul mot en récitant le Credo, l'enfant devient stregho ou stregha, ou bien Mortolaio : en ce dernier cas, il voit tout ce que font les revenants dans leurs courses nocturnes. Cette croyance aux streghe est très répandue sur plusieurs points de l'arrondissement de Corte.

Toutes les mères placent au cou de leurs enfants une branche de corail ou leur mettent un bracelet pour les préserver du mauvais œil ou de l'œil d'envie, et les empêcher de mourir. Celles qui n'ont pas de corail cousent dans un coin de la robe de l'enfant quelques gros grains de sel de cuisine, qui a aussi la propriété de conjurer le mauvais œil.

Au Niolo, jadis les jeunes filles à partir de sept à huit ans jusqu'au jour de leur mariage étaient habillées en garçons ; ce costume les préservait des attaques des streghe et aussi des entreprises des jeunes gens.

Mariage. — Dans l'arrondissement de Sartène, lorsqu'il est question d'un mariage, les deux familles se réunissent chez les parents de la jeune fille qui offrent un dîner ; ils discutent ensuite les questions d'intérêt, lorsque tout est bien entendu, les parents du jeune homme se retirent, et celui-ci couche avec sa petite femme ; cela s'appelle l'abracia. Il n'y a pas d'exemple d'abandon par le fiancé après l'abracia. Quinze jours après, le maire et le curé les marient.

Quand la jeune fille a reçu la bénédiction nuptiale, elle a soin de se relever la dernière ; car des deux mariés, le premier qui meurt est celui qui se lève le premier.

À Asco lorsque les nouveaux époux arrivent à la porte de l'église, le marié va seul jusqu'à l'autel, puis il se retourne et dit : A calane. La mariée prend sa robe et la relève un peu à droite et à gauche, puis elle va à l'autel en disant : « Ca ne cabe, sema sancu che ne pargue una sposade. Moi je montre sagement que j'ai l'air d'une mariée ».

Lorsque le curé leur demande s'ils sont contents de s'épouser, il dit : E souche tallera, les mariés répondent : E souche ; c'est leur manière de dire oui.

La cérémonie terminée, toutes les femmes du village sont là chacune avec un pot de miel et une cuiller ; elles donnent aux nouveaux mariés une grande cuillerée de miel qu'ils sont obligés d'avaler bon gré mal gré, et cette cérémonie se renouvelle depuis l'église jusqu'à la maison.

Si l'on se marie le mardi, la mariée est une martyre.

Pour savoir si une fille ou un garçon se marieront dans le courant de l'année, on jette dans le feu des feuilles d'olivier, une, deux, trois, les unes après les autres ; si la feuille danse et se retourne, ils se marieront, si elles brûlent, il n'y aura pas de mariage.

Mort; pronostics. — Si les chiens aboient la nuit devant une maison, il est certain qu'avant peu il y mourra quelqu'un ; ils aboient deux fois pour une femme, trois fois pour un homme.

Un grand bruit entendu la nuit, est le présage de la mort de quelqu'un dans la maison. Une lampe qui se casse prédit la mort d'une personne de la famille ; si on renverse de l'huile, il y aura une

Lundi **7** Ambroise (semaine 51)	Mardi **8** Im. Concept	Mercredi **9** Pierre Fourier
Jeudi **10** Romaric	Vendredi **11** Daniel	Samedi **12** Jean F. de C.
Dimanche **13** Lucie		

grave maladie d'un parent ; si la bouteille se casse, c'est la mort.

On ne doit jamais balayer la maison le soir, si on le faisait quelqu'un de la famille mourrait. Si l'on ne peut fermer l'un des yeux du mort, quelqu'un de la famille le suivra au tombeau, si les deux restent ouverts, il meurt deux personnes.

Pour ne pas avoir peur d'un mort, on va lui toucher les pieds.

Dans certaines parties de l'arrondissement de Sartène, les femmes parentes du mort défont leurs cheveux et se déchirent la peau du visage ; s'il arrive une visite, les femmes de la maison et celles qui viennent se tirent réciproquement les cheveux et s'égratignent le visage, jusqu'au moment où arrivent de nouvelles visiteuses qui sont l'objet de ces démonstrations. Elles n'ont lieu que dans cet

arrondissement, et ne sont pas pratiquées par les vrais Corses, mais par les gens d'origine sarde, qui y sont assez nombreux.

En revenant d'un enterrement, on ne va faire visite à personne; on porterait malheur à celui que l'on irait voir, et il mourrait quelqu'un chez lui dans le courant de l'année.

Julie Filippi

Expression

TIRER DES PLANS SUR LA COMÈTE

On tire des plans sur la comète lorsque l'on fait des projets sur des hypothèses souvent peu vraisemblables ou vérifiables.

Cette expression daterait de la fin du XIXe siècle. Tirer des plans implique de la précision et une certaine rigueur, comme celle nécessaire à la préparation correcte de projets importants. Au contraire, une comète est toujours en mouvement et son passage à proximité de notre planète ou à notre vue est éphémère. Tout le contraire de la stabilité nécessaire pour tirer des plans corrects. Cette opposition indique bien que la précision nécessaire à la bonne exécution des projets risque de faire défaut à cause d'hypothèses hasardeuses. Et pourquoi ne dit-on pas « des plans sur une comète » ? La référence à la comète renvoie à celle de 1882, très remarquée car très brillante. C'est elle qui a provoqué la naissance de cette expression.

Lundi **14** Odile — semaine 52

Mardi **15** Ninon

Mercredi **16** Alice

Jeudi **17** Gaël

Vendredi **18** Gatien ◗

Samedi **19** Urbain

Dimanche **20** Théophile

Décembre

LES CONFITURES, UN PEU D'HISTOIRE

Avant d'être une douceur chère au cœur et au palais des enfants, du plus petit au plus grand, la confiture, comme pratiquement tout ce qui était à base de sucre, était considérée comme un médicament, un remède.

Ce sont les médecins arabes, entre le IXe et le XIIe siècle, et notamment Avicenne (980 - 1037), qui inventèrent la confiserie grâce à leur connaissance d'un nouveau produit : le sucre. Ils prescrivaient à leurs malades de nombreuses préparations à base de sucre : sirops, bonbons, fruits confits, confitures et autres pâtes molles ou dures.

Les sirops étaient préparés avec des fruits, des épices, des fleurs, et ce sont plusieurs centaines de variétés qui entraient dans leur composition, donnant un choix de boisson assez impressionnant.

Le médecin Abdulcassis, au Xe siècle, nous fournit les premières recettes de bonbons, qui peuvent s'apparenter pour certains au berlingot et à la pastille que l'on connaît aujourd'hui, pour d'autres au fondant que l'on mélange avec des poudres d'épices et d'aromates (menthe, clous de girofle, musc, gingembre...), toujours dans un but thérapeutique. Rappelons que pour l'Église, la gourmandise est un vilain défaut. Je me souviens l'avoir utilisé et réutilisé en confession lorsque de véritables péchés me faisaient défaut.

Avicenne créa d'autres confiseries comme les fruits confits et les fleurs confites qui, chacun et chacune, seuls ou mélangés, avaient une propriété bien définie.

L'Occident s'empressera de traduire les traités médicaux arabes et ira plus avant dans l'innovation. Du XIe au XIIIe siècle, l'École de Salerne, en Italie, sera très active pour mêler recettes et médicaments qui se retrouvent dans les « régimes » (déjà), sortes de guides de santé et de cuisine pour l'aristocratie.

Le plus célèbre des ouvrages mêlant confitures et remèdes est l'œuvre d'un médecin italien du nom de Mésué, au XIIe siècle. On y trouve des confitures laxatives (pommes, poires, coings...), stomachiques (pêches,

Lundi **21** HIVER — semaine 53

Mardi **22** Fr. Xavière

Mercredi **23** Armand

Jeudi **24** Adèle

Vendredi **25** Noël ●

Samedi **26** Etienne

Dimanche **27** Jean

prunes...), des bonbons à l'anis, au girofle, aux amandes, au musc, aux pignons. Le médecin y fait confire du gingembre, des pommes, des poires, des pêches, des violettes, des roses, des fleurs d'acacia… Il prépare des loukoums, des pâtes de guimauve… et tous ont des propriétés particulières.

Joseph du Chesne, en 1630, parle de « médicament alimenteux et d'aliment médicamenteux », et propose des « sirops échauffants » (armoise, petite menthe, marrube), « des sirops rafraîchissants » (espine-vinette, nénuphar, violette), « des sirops tempérés » (réglisse, houblon, scabieuse) ; d'autres digèrent l'humeur mélancolique comme le houblon, la bourrache, le thym, tandis que d'autres cuisent la bile jaune comme la violette, l'épinard, le coings…

Ce même Du Chesne recommande également des « dragées contre toutes les maladies froides de la tête, dragées contre le tournement de tête, dragées contre toutes les mauvaises dispositions de la poitrine, dragées contre l'enflure de gosier »…

Revenons aux confitures ; on leur attribue bienfaits et soulagements : « Les capitales sont de romarin, de lavande, de soucis ; les pectorales de fleurs de violette et de pavot sauvage ; les stomachales de menthe, d'oranges, de coings »...

Ce n'est qu'à partir du XVIe siècle que les confitures vont quitter le domaine médical pour rejoindre celui des gourmets voire des gourmands. Le sucre devient plus accessible, les fruits viennent à la mode et sont de plus en plus appréciés. Les aristocrates découvrent les vertus du jardinage. Le sucre, les bonbons et les confitures vont donc progressivement s'affranchir de la tutelle médicale pour entrer dans le monde des gourmands. Ils quittent les boutiques d'apothicaires pour rejoindre celles des épiciers et des confiseurs.

Olivier de Serres, pionnier de l'agronomie, publie en 1600 son Théâtre de l'agriculture et mesnage des champs, où il consacre plusieurs chapitres aux confitures : « Au sucre, plusieurs et divers fruits des arbres et du parterre du jardin se confisent très bien, et de même se conservent fort longtemps en bonté et beauté. »

Il passe ensuite en revue les différentes manières de préparer les fruits en mélange avec le sucre. Pour lui, « la cassonade est meilleure que le sucre fin, ayant regard à la dépense », et il faut « bonne eau de fontaine ou de puits ». Il commence par les écorces d'orange, poursuit avec les pois et fèves, les artichauts, les laitues, les concombres qui sont au préalable mis en saumure... Il n'oublie pas poires, pêches, abricots, cerises framboises, noix, noisettes… Pour lui, « la bonne confiture ne se fait pas hâtivement ! »

Il livre aussi, à destination des maladroits, quelques secrets pour « refaire la confiture mal faite », « retirer le sucre des vieilles confitures ».

Nous tenons avec Olivier de Serres le premier grand maître-confiturier français !

En 1651, Nicolas de Bonnefons, valet de chambre de Louis XIV, publie Le Jardinier françois qui sera suivi en 1662 par Les Délices de la campagne, où l'on trouve de nombreuses pages consacrées aux confitures.

La confiture entrait définitivement dans les buffets, sur les tables des Français et accommodait les repas du petit déjeuner au dîner. Elle a trouvé sa place dans l'imaginaire et dans le coin des bons souvenirs de l'enfance, même si elle continue d'enchanter le palais des mêmes devenus adultes.

Expression

PLEURER COMME UNE MADELEINE

L'expression « pleurer comme une Madeleine » signifie « pleurer abondamment, sans retenue ». Son origine vient de Marie de Magdala pleurant aux pieds du Christ dans la Bible, d'où la majuscule de Madeleine, qui reste invariable dans un éventuel emploi au pluriel.

Lundi **28** Innocents — semaine 54

Mardi **29** David

Mercredi **30** Roger

Jeudi **31** Sylvestre

à faire

rendez-vous

JARDIN

Chauffage écologique pour les châssis : la couche chaude

Le fumier bien fermenté est une solution ancienne, et naturelle, toujours d'actualité pour réchauffer les châssis.

Délimitez une surface supérieure de 20 cm à votre coffre de châssis. Choisissez un emplacement plutôt exposé au soleil de midi.

Sur cette surface délimitée, étalez par couches successives (20 cm) du fumier que vous aurez bien mélangé et travaillé énergiquement à la fourche. Piétinez chaque couche avant de mettre la suivante pour obtenir un bon tassement, arrosez si nécessaire. Lorsque vous arrivez à la hauteur désirée, foulez une dernière fois, puis montez votre coffre de châssis, bien au milieu de votre couche.

Une fois votre coffre bien calé et fixé, garnissez le fond de terreau ou de terre fine, jusqu'à 4 centimètres du bord du plus petit côté.

Pour terminer, rapportez une épaisseur de 20 à 30 centimètres de fumier autour du coffre afin d'arrêter le froid sur les côtés.

Après avoir déposé votre châssis sur le coffre vous êtes prêt pour les semis.

BRICOLAGE

Appliquer du plâtre, quelle galère !

Et pourtant lorsque vous voulez appliquer du plâtre sur un mur ou une cloison, voilà un petit truc qui peut vous aider. Mélangez 75 % de plâtre avec 25 % d'enduit de lissage. Vous verrez, c'est plus facile à appliquer et vous pouvez lisser de suite sans problème.

SANTÉ

Un automne en pleine forme

Pour attaquer l'automne en pleine forme et faire le plein de vitamines, boire chaque matin un cocktail vitaminé aux fruits.

Ingrédients :

50 cl de jus d'orange pressée, 2 bananes, 3 pommes

Préparation : versez tous les ingrédients dans un mixeur. Servez frais.

BEAUTÉ

Lutter contre la grippe

Mettez dix feuilles de menthe fraîche dans un litre d'eau et portez à ébullition.

Laissez infuser une dizaine de minutes et consommez-en trois ou quatre tasses par jour. Idéal aussi pour le mal de gorge.

petit PROVERBE

« L'amoureux qui espère ressent plus de bonheur que l'amoureux qui a obtenu ! »

Albert Jacquard

Image d'hier

calendrier 2016

Mois de Janvier	Mois de Février	Mois de Mars	Mois d'Avril	Mois de Mai	Mois de Juin
1 V Jour de l'an	1 L Ella	1 M Aubin	1 V Hugues	1 D Fête du travail	1 M Justin
2 S Basile	2 M Présentation	2 M Ch. le Bon	2 S Sandrine	2 L Boris	2 J Blandine
3 D Geneviève	3 M Blaise	3 J Guénolé	3 D Richard	3 M Phil., Jacq.	3 V Kévin
4 L Odilon	4 J Véronique	4 V Casimir	4 L Isidore	4 M Sylvain	4 S Clothilde
5 M Edouard	5 V Agathe	5 S Olive	5 M Irène	5 J Ascension	5 D Igor
6 M Mélaine	6 S Gaston	6 D Colette	6 M Marcellin	6 V Prudence	6 L Norbert
7 J Raymond	7 D Eugénie	7 L Félicité	7 J J.-B. de la S.	7 S Gisèle	7 M Gilbert
8 V Lucien	8 L Jaquelino	8 M Jean de Dieu	8 V Julie	8 D Armistice 1945	8 M Ménard
9 S Alix	9 M Apolline	9 M Françoise	9 S Gauthier	9 L Pacôme	9 J Diane
10 D Guillaume	10 M Arnaud	10 J Vivien	10 D Fulbert	10 M Solange	10 V Landry
11 L Pauline	11 J ND De Lourdes	11 V Rosine	11 L Stanislas	11 M Estelle	11 S Barnabé
12 M Tatiana	12 V Félix	12 S Justine	12 M Jules	12 J Achille	12 D Guy
13 M Yvette	13 S Béatrice	13 D Rodrigue	13 M Isla	13 V Rolande	13 L Antoine de P.
14 J Nina	14 D Valentin	14 L Mathilde	14 J Maxime	14 S Matthias	14 M Élisée
15 V Rémi	15 L Claude	15 M Louise	15 V Paterne	15 D Denise	15 M Germaine
16 S Marcel	16 M Julienne	16 M Bénédicte	16 S B.-Joseph	16 L Pentecôte	16 J J.-F. Régis
17 D Roseline	17 M Alexis	17 J Patrice	17 D Anicet	17 M Pascal	17 V Hervé
18 L Prisca	18 J Bernadette	18 V Cyrille	18 L Parfait	18 M Éric	18 S Léonce
19 M Marius	19 V Gabin	19 S Joseph	19 M Emma	19 J Yves	19 D Romuald
20 M Sébastien	20 S Aimée	20 D Printemps	20 M Odette	20 V Bernardin	20 L Silvère
21 J Agnès	21 D Damien	21 L Clémence	21 J Anselme	21 S Constantin	21 M Été
22 V Vincent	22 L Isabelle	22 M Léa	22 V Alexandra	22 D Émile	22 M Alban
23 S Barnard	23 M Lazare	23 M Victorien	23 S Georges	23 L Didier	23 J Audrey
24 D Fr. de Sales	24 M Modeste	24 J Catherine	24 D Fidèle	24 M Pentecôte	24 V Jean-Baptiste
25 L Conv. de Paul	25 J Roméo	25 V Annonciation	25 L Marc	25 M Sophie	25 S Prosper
26 M Paule	26 V Nestor	26 S Larissa	26 M Alida	26 J Bérenger	26 D Anthelme
27 M Angèle	27 S Honorine	27 D Pâques	27 M Zita	27 V Augustin	27 L Fernand
28 J Th. d'Aquin	28 D Romain	28 L Lundi de Pâques	28 J Valérie	28 S Germain	28 M Irénée
29 V Gildas	29 L Auguste	29 M Gwladys	29 V Cath. de Si.	29 D Aymar	29 M Pierre, Paul
30 S Martine		30 M Amédée	30 S Robert	30 L Ferdinand	30 J Martial
31 D Marcelle		31 J Benjamin		31 M Visitation	

Mois de Juillet	Mois d'Août	Mois de Septembre	Mois d'Octobre	Mois de Novembre	Mois de Décembre
1 V Thierry	1 L Alphonse	1 J Gilles	1 S Thér. fr l'E.	1 M Toussaint	1 J Florence
2 S Martinien	2 M Julien Eym.	2 V Ingrid	2 D Léger	2 M Défunts	2 V Viviane
3 D Thomas	3 M Lydie	3 S Grégoire	3 L Gérard	3 J Hubert	3 S Fr. Xavier
4 L Florent	4 J J.-M. Vianney	4 D Rosalie	4 M F. d'Assise	4 V Charles	4 D Barbara
5 M Antoine	5 V Abel	5 L Raïssa	5 M Fleur	5 S Sylvie	5 L Gérald
6 M Mariette	6 S Transfiguration	6 M Bertrand	6 J Bruno	6 D Bertille	6 M Nicolas
7 J Raoul	7 D Gaétan	7 M Reine	7 V Serge	7 L Carine	7 M Ambroise
8 V Thibault	8 L Dominique	8 J Nativité	8 S Pélagie	8 M Geoffroy	8 J Im. Concept.
9 S Amandine	9 M Amour	9 V Alain	9 D Denis	9 M Théodore	9 V Pierre Fourier
10 D Ulrich	10 M Laurent	10 S Inès	10 L Gislain	10 J Léon	10 S Romaric
11 L Benoît	11 J Claire	11 D Adelphe	11 M Firmin	11 V Armistice 1918	11 D Daniel
12 M Olivier	12 V Clarisse	12 L Appolinaire	12 M Wilfried	12 S Christian	12 L Jean. F. de C.
13 M Henri, Joël	13 S Hippolyte	13 M Aimé	13 J Géraud	13 D Brice	13 M Lucie
14 J Fête Nationale	14 D Evrard	14 M La Croix	14 V Juste	14 L Sidoine	14 M Odile
15 V Donald	15 L Assomption	15 J Roland	15 S Thér. d'Avila	15 M Albert	15 J Ninon
16 S N.-D. Mt-Carmel	16 M Armel	16 V Édith	16 D Edwige	16 M Marguerite	16 V Alice
17 D Charlotte	17 M Hyacinthe	17 S Renaud	17 L Baudoin	17 J Élisabeth	17 S Gaël
18 L Frédéric	18 J Hélène	18 D Nadège	18 M Luc	18 V Aude	18 D Gatien
19 M Arsène	19 V Jean-Eudes	19 L Émile	19 M René	19 S Tanguy	19 L Urbain
20 M Marina	20 S Bernard	20 M Davy	20 J Adeline	20 D Edmond	20 M Théophile
21 J Victor	21 D Christophe	21 M Matthieu	21 V Céline	21 L Prés. de Marie	21 M Hiver
22 V Marie-Madeleine	22 L Fabrice	22 J Maurice	22 S Élodie	22 M Cécile	22 J Fr. Xavière
23 S Brigitte	23 M Rose de Lima	23 V Automne	23 D Jean de C.	23 M Clément	23 V Armand
24 D Christine	24 M Barthélémy	24 S Thècle	24 L Florentin	24 J Flora	24 S Adèle
25 L Jacques	25 J Louis	25 D Hermann	25 M Crépin	25 V Catherine	25 D Noël
26 M Anne, Joaquim	26 V Natacha	26 L Côme, Damien	26 M Dimitri	26 S Delphine	26 L Etienne
27 M Nathalie	27 S Monique	27 M Vincent de P.	27 J Émeline	27 D Séverin	27 M Jean
28 J Samson	28 D Augustin	28 M Venceslas	28 V Jude	28 L Jacq. de la M.	28 M Innocents
29 V Marthe	29 L Sabine	29 J Michel	29 S Narcisse	29 M Saturnin	29 J David
30 S Juliette	30 M Fiacre	30 V Jérôme	30 D Bienvenu	30 M André	30 V Roger
31 D Ignace de L.	31 M Aristide		31 L Quentin		31 S Sylvestre

L'Almanach du Corse 2015

Directeur de collection : Christophe MATHO
Rédacteur en chef : Gérard BARDON
Secrétaire de rédaction : Frédérique ROSE
Conception graphique : Antoine ALBERTINI - Alain OSSANT - Line LEVÊQUE

Edition, réalisation : COMMUNICATION-PRESSE-EDITION
RCS B 398-382-416
ZA du Pâtureau 2000 (Pruniers) BP 57 - 41202 Romorantin cedex
Téléphone : 02 54 83 41 41 - Fax : 02 54 83 41 43
e-mail : almanachs@cpe-editions.com - Site : www.cpe-editions.com

Imprimé en France par l'imprimerie Clerc à Saint-Amand-Montrond - Septembre 2014
ISSN : 1623-7501
ISBN : 978-2-36572-266-7- EAN : 9782365722667

ALMANACH du POTAGER

ALMANACH du Basque
ALMANACH du Normand
ALMANACH du Solognot

Almanach des années 1960
ALMANACH DES FOUS DU TRACTEUR

Patois et chansons de nos Grands-Pères

Mémoire du patrimoine oral... Langues régionales, patois, parlage, parler... chansons et monologues des terroirs de France.

Quoi de mieux pour sauver nos vieux parlages, nos vieux parlers, nos vieux patois... ceux de nos ancêtres, que de faire un ouvrage regroupant ces trésors du verbe proprement dit mais aussi la présentation des poètes et chansonniers patoisants et leurs œuvres les plus connues.

Prix public : ~~22 €~~

Prix maison ! 20,90€ l'exemplaire

Ouvrage relié couverture intégrale quadri
Format : 16,8 x 23 cm
160 pages, impression 2 couleurs

- PARLER D'OLÉRON
- PARLER CHARENTOCIEN
- CAUSEMENT DU BAS-MAINE
- LANGUE BASQUE
- LANGUE EN CHAMPAGNE
- PATOIS DU POITOU
- PATOIS RÉTAIS
- VIEUX PARLER ET CHANSONS DE NOS GRANDS-PÈRES ARDENNAIS
- LA LANGUE EN BASSE BRETAGNE
- PATOIS ET CHANSONS DE NOS GRANDS-PÈRES DANS LES CHARENTES
- PATOIS ET CHANSONS DE NOS GRANDS-PÈRES CH'TIS
- PARLER ET CHANSONS DE NOS GRANDS-PÈRES EN GALLO
- LANGUE ET CHANSONS EN PAYS DE GASCOGNE
- LANGUES ET CHANSONS DE NOS GRAND-PÈRES EN LIMOUSIN
- LANGUES DE LORRAINE *(TOME 1, LE PATOIS)*
- LANGUES DE LORRAINE *(TOME 2, LE PLATT)*
- PATOIS ET CHANSONS DE NOS GRANDS-PÈRES MARCHOIS
- VIEUX PARLER ET CHANSONS DE GRANDS-PÈRES NANTAIS
- LANGUE ET CHANSON DE NOS GRANDS-PÈRES EN NISSART
- PATOIS ET CHANSONS DE NOS GRANDS-PÈRES DES TERROIRS DE L'ORLÉANAIS
- PATOIS ARPITAN ET CHANSONS DE NOS GRANDS-PÈRES SAVOYARDS
- PATOIS ET CHANSONS DE NOS GRANDS-PÈRES EN VENDÉE
- PATOIS ET CHANSONS DE NOS GRANDS-PÈRES EN BASSE-NORMANDIE, MANCHE, CALVADOS ET LES ÎLES
- PATOIS ET CHANSONS DE NOS GRANDS-PÈRES EN ANJOU
- PATOIS ET CHANSONS DE NOS GRANDS-PÈRES EN BOURGOGNE

La cuisine de terroirs

C'est au cours du XIXe siècle que se sont installées les traditions qui ont débouché sur les plats typiques transmis de mères en filles que nous connaissons aujourd'hui. Reflet de la production agricole, maraîchère et des échanges commerciaux de la région, la cuisine du terroir est élaborée patiemment au fil des saisons et au bon vouloir de la terre. C'est une cuisine généreuse qui se mérite.

17 X 23 cm - 120 pages
2 teintes

Prix public : ~~14,90 €~~ **14,15€**

La Cuisine au temps de René Bazin
Avant-propos de François COMTE

La Cuisine au temps de Honoré de Balzac
Maud BRUNAUD

La Cuisine au temps de Guy de Maupassant
Avant-propos de Gérard BARDON

La Cuisine au temps de Gustave Courbet
Charles BEAUQUIER

La Cuisine au temps de George Sand
Maud BRUNAUD

www.cpe-editions.com

Les recettes des terroirs de ma grand-mère

Nouvelle formule

Prix maison ! 17,10€ l'exemplaire

Prix public : ~~18 €~~

Format : 168 x 230 mm
120 pages - 2 couleurs
Couverture souple

- RECETTES ARDECHOISES ET DRÔMOISES
- RECETTES ALSACIENNES
- RECETTES ARDENNAISES
- RECETTES ARIÉGEOISES
- RECETTES AUVERGNATES
- RECETTES AVEYRONNAISES
- RECETTES BASQUES
- RECETTES BEAUCERONNES
- RECETTES BERRICHONNES
- RECETTES BORDELAISES
- RECETTES BOURBONNAISES
- RECETTES BRETONNES
- RECETTES CATALANES
- RECETTES CHAMPENOISES
- RECETTES CORSES
- RECETTES FRANC COMTOISES
- RECETTES LIMOUSINES
- RECETTES LORRAINES
- RECETTES LYONNAISES BEAUJOLAISES
- RECETTES MORVANDELLES ET NIVERNAISES
- RECETTES NIÇOISES
- RECETTES DU NORD
- RECETTES ORLÉANAISES
- RECETTES PICARDES
- RECETTES PIEDS NOIRS
- RECETTES POITEVINES
- RECETTES PROVENÇALES
- RECETTES SAVOYARDES
- RECETTES SOLOGNOTES
- RECETTES TOULOUSAINES
- RECETTES TOURANGELLES
- RECETTES VENDÉENNES
- RECETTES VOSGIENNES
- RECETTES DU PAYS NANTAIS

NOUVEAUTES

- **RECETTES ITALIENNES**
- **RECETTES MAROCAINES**
- **RECETTES JUIVES**
- **RECETTES ESPAGNOLES**
- **RECETTES ARMÉNIENNES**
- **RECETTES ANTILLAISES**
- **RECETTES PORTUGAISES**

Format : 200 x 290 mm
128 pages - 2 couleurs
Couverture cartonnée

Version originale cartonnée

- RECETTES ANGEVINES
- RECETTES GERSOISES
- RECETTES LANDAISES
- RECETTES MAINIOTES
- RECETTES NORMANDES
- RECETTES PÉRIGOURDINES
- RECETTES CEVENOLES PROMO 8€

Prix public : ~~18 €~~

Prix maison ! 17,10€ l'exemplaire

Les recettes du terroir

Ce petit carnet de recettes sent bon le terroir. Il dévoile les meilleures recettes de notre région à la gastronomie si riche. Aline Faurie a rassemblé dans ces pages 32 recettes de cuisine parmi les plus typiques de notre terroir. Ces recettes sont très simples, comme nos ancêtres les pratiquaient. Ces recettes ont été puisées dans des carnets de ménagères de la région, rédigés entre 1900 et 1970.

LA CUISINE AUVERGNATE
LA CUISINE ALSACIENNE
LA CUISINE BOURGUIGNONNE
LA CUISINE BRETONNE
LA CUISINE CHAMPENOISE
LA CUISINE CHARENTAISE
LA CUISINE CORSE
LA CUISINE DAUPHINOISE
LA CUISINE FRANC-COMTOISE
LA CUISINE GASCONNE
LA CUISINE LIMOUSINE
LA CUISINE NIÇOISE
LA CUISINE NORMANDE
LA CUISINE PROVENÇALE
LA CUISINE SAVOYARDE

www.cpe-editions.com

La Cuisine de Mamie

NOUVEAUTÉS

La Cuisine Beauceronne de Mamie	JC PONÇON
La Cuisine Berrichonne de Mamie	SERGE CAMAILLE
La Cuisine Bourbonnaise et Nivernaise de Mamie	SERGE CAMAILLE
La Cuisine Forezienne de Mamie	HUGUES HIPPLER
La cuisine Limousine de Mamie	JOHANNES PLANTADIS

140 x 225 - 120 pages - 2 teintes
Prix public : ~~14,90 €~~ **14,15€**

Retrouvez dans la collection «La cuisine de Mamie», tous ces plats savoureux qui nous rappellent la douceur de l'enfance : les après-midis entre cousins à faire sauter les crêpes, la bonne soupe de légumes des lendemains de fête, le coq au vin ou le gigot d'agneau des repas de famille... Toutes ces saveurs qui immanquablement nous transportent dans ces moments merveilleux de l'enfance. Et puis il y a toutes ces recettes dont Mamie a le secret et que personne - au désespoir de la génération suivante - ne réussit jamais à égaler : pommes de terre sautées, tarte aux pommes, riz au lait... sont toujours meilleurs chez Mamie.

DÉJA PARUS

La Cuisine Creusoise de Mamie
Christophe MATHO

La Cuisine Lorraine de Mamie
Fanny ROSE

La Cuisine Solognote et Orléanaise de Mamie
Frédérique ROSE

La Cuisine Bretonne de Mamie
Frédérique MONNIER

La Cuisine Auvergnate de Mamie
Maud BRUNAUD

La cuisine Picarde de Mamie
Fanny ROSE

La cuisine du Nord de Mamie
Fanny ROSE

La cuisine Bourguignonne de Mamie
Fanny ROSE

Tradition orale : collection «les passeurs de mémoires»

Le conte populaire est un conte oral traditionnel et communautaire. Il a longtemps régi la création et la circulation des histoires. C'est en fait la littérature de nos ancêtres, il a présidé les veillées de nos campagnes depuis la nuit des temps jusqu'aux années 1950. Il a aujourd'hui presque disparu. Fort heureusement, à la charnière des XIXe et XXe siècles, quelques érudits passionnés de notre folklore ont pris soin de transcrire ces contes à l'écrit, ce qui leur a permis de venir jusqu'à nous, malgré les profonds bouleversements de nos sociétés rurales qui ont rompu la transmission séculaire de ces contes par le bouche-à-oreille. Tout au long de ces pages, vous découvrirez ces récits qui faisaient le charme des veillées d'autrefois, et l'âme des campagnes.

17 x 23 cm
160 pages

Prix public : ~~20€~~ **19€**

A PARAITRE EN OCTOBRE :

LES CONTES ET LÉGENDES DU DAUPHINÉ
LES CONTES D'ALSACE
LES CONTES POPULAIRES DE LA CHARENTE
L'INSTITUTEUR AU DÉBUT DU XXE SIÈCLE
LES CONTES POPULAIRES DE LA HAUTE-BRETAGNE
LES CONTES PPULAIRES DE LA BASSE-BRETAGNE
LES CONTES POPULAIRES DU MAINE ET DE L'ANJOU
LA VIE RURALE DE L'ANCIENNE FRANCE
LES CONTES POPULAIRES DE LA DRÔME ET DE L'ARDÈCHE
LES LÉGENDS DU PAYS DE SAVOIE
LES LÉGENDES DU PAYS DE NORMANDIE
LE FOLKORE LIMOUSIN
LES SORCIERS

- LES ALCHIMISTES DE BOURGES
- CONTES POPULAIRES DU BERRY
- CONTES POPULAIRES DES PYRÉNÉES
- CONTES DES PROVINCES DE FRANCE
- CONTES POPULAIRES ET LÉGENDES DU PAYS BASQUE
- CONTES POPULAIRES DE BOURGOGNE
- CONTES POPULAIRES DE CHAMPAGNE ARDENNES
- CONTES POPULAIRES DE LA CREUSE ET DU LIMOUSIN
- FOLKLORE DE LA BEAUCE ET DU PERCHE
- CONTES DE NOËL
- CONTES DE PROVINCES DE FRANCE (TOME 1)
- CONTES DE PROVINCES DE FRANCE (TOME 2)
- CONTES DES PROVINCES DE FRANCE (TOME 3)
- BASSE-NORMANDIE
- FRANCHE-COMTÉ
  LA TRADITION TOUT AU LONG DE L'ANNÉE
- LA CORSE, LES CONTES POPULAIRES
- LA GASCOGNE, LES CONTES POPULAIRES
- LA LORRAINE, LES CONTES POPULAIRES
- LE BOCAGE VENDÉEN, LES CONTES POPULAIRES
- LE LOUP DANS LES CONTES POPULAIRES
- LES CONTES NOIRS, FRAYEUR POPULAIRE
- CHANSONS POPULAIRES DE FRANCHE-COMTÉ
- LES HISTOIRES DU P'TIT QUINQUIN
- TRADITIONS ORALE DE L'AUVERGNE
- TRADITIONS ORALE DE PICARDIE
- NOS ANCÊTRES LOZÉRIENS
- FOLKLORE BOURBONNAIS
- SOUVENIRS DU VIEUX TEMPS
  LE BERRY MŒURS ET COUTUMES
- CONTES POPULAIRES DE SOLOGNE
- LE DIABLE DANS LES CONTES POPULAIRES
- CONTES POPULAIRES DE WALLONIE
- CONTES POPULAIRES DE LA BEAUCE ET DU PERCHE
- CONTES POPULAIRES INÉDITS DE LORRAINE
- CONTES POPULAIRES DE GIRONDE ET DES LANDES
- CONTES POPULAIRES DE TOUTES LES ALPES

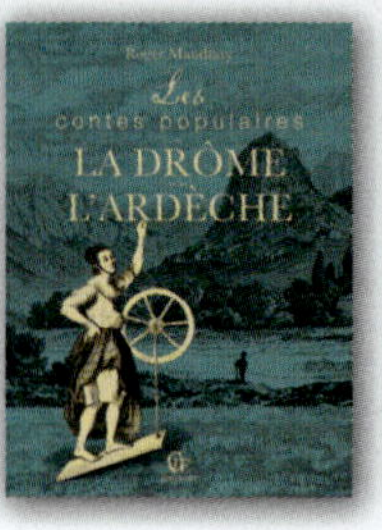

www.cpe-editions.com

NOUVEAUTES

Prix public : ~~12,90€~~ 12,25€

AU PLAISIR DE LA TRUFFE

144 pages

Martine Sbolgi-Guinet

LA TARTE AU FROMAGE BLANC

128 pages

Eric Nowak

RECETTES TRADITIONNELLES ET REVISITÉES

128 pages

Katy's Eats

CUISINE DE TERROIR DE NOS GRANDS-MÈRES

144 pages

Aline Faurie

LES CHAMPIGNONS DE LA CUEILLETTE À L'ASSIETTE

144 pages

Jean-Marc Gourbillon

LA POMME DE TERRE

144 pages

Jean-Marc Gourbillon

LA CUISINE DES ANNÉES 60 LES TARTES

128 pages

Pierrette CHALENDAR

LE POT-AU-FEU

144 pages

Pierrette CHALENDAR

LES DAUBES

144 pages

Pierrette CHALENDAR

Les années 60 à l'honneur

Une série sur la cuisine des années 60

La cuisine de tante Martine

140 x 225 - 120 pages - 2 teintes
Prix public : ~~14,90 €~~ **14,15€**

Cette nouvelle collection de cuisine nous entraîne dans la période si bouillonnante, prospère et inventive des années 60. Les femmes s'émancipent, elles mènent de front vie professionnelle et vie de famille. Les entreprises d'électroménager l'ont bien compris et créent un maximum de nouveautés pour soulager la femme dans les tâches domestiques. C'est auprès de la cuisinière du quotidien que la gastronomie évolue. On cherche à cuisiner des plats authentiques, généreux et toujours aussi savoureux mais en passant moins de temps aux fourneaux. C'est cette époque et ces recettes qui ont bercé une grande partie d'entre nous que les éditions Marivole ont souhaité mettre à l'honneur. la collection «la cuisine de tante Martine» rassemble anecdotes, publicités et recettes de cette période dynamique.

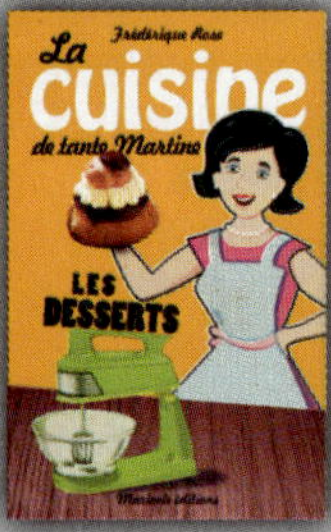

LES DESSERTS
Frédérique ROSE

LES PLATS MIJOTÉS
Céline LUNEAU

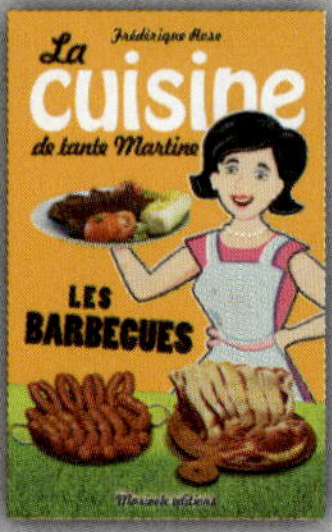

LES BARBECUES
Frédérique ROSE

LES PIQUE-NIQUES
Frédérique ROSE

à paraitre : Les soupes

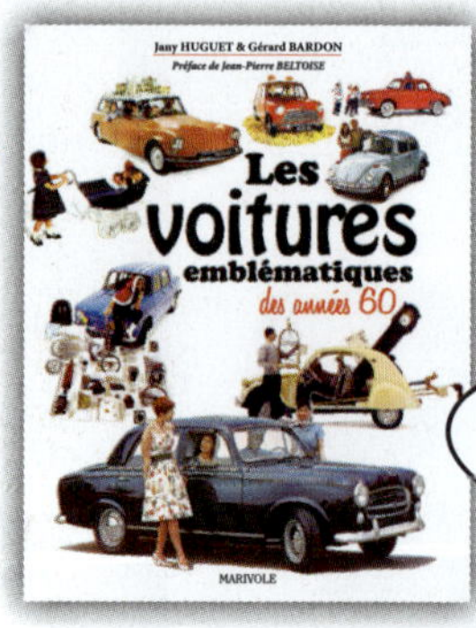

Jany HUGUET & Gérard BARDON

220 x 280 - 192 pages
Prix public : ~~29€~~ **27,55€**

à paraitre en octobre
« LES BELLES AMERICAINES »

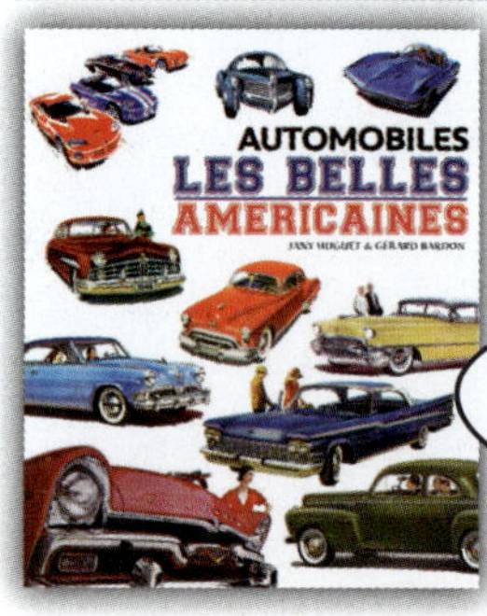

Jany HUGUET & Gérard BARDON

220 x 280 - 192 pages
Prix public : ~~29€~~ **27,55€**

Collection années 60

Le P'tit Berlaudiot
Berry – Bourbonnais
Serge CAMAILLE

Prix public : ~~20€~~ **19€**

La Demoiselle du téléphone
Berry – Orléanais
Michèle DASSAS

Prix public : ~~20€~~ **19€**

Le prince des parquets-salons
Dans les bals de campagne des années soixante
Jean-Claude FOURNIER

Prix public : ~~22€~~ **20,90€**

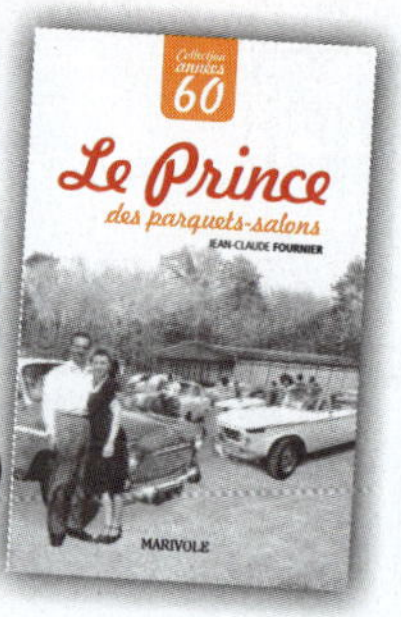

Chasse & pêche

La trompe et le fouet
Venerie d'hier et d'aujourd'hui

ALAIN PHILIPPE

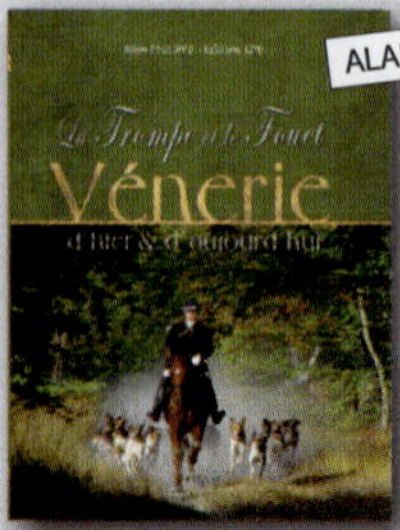

225 x 290
144 pages - 4 couleurs
Prix public : ~~29€~~ **27,55€**

Un livre magnifique qui présente non seulement les méthodes et les règles d'une chasse ancestrale, mais qui présente aussi les équipages français.

Le grand livre de la truite et des salmonidés

CHRISTOPHE MATHO

225 x 290
192 pages - 4 couleurs
Prix public : ~~29,90€~~ **28,40€**

Le premier livre en français qui présente l'essentiel des salmonidés que le pêcheur peut rencontrer à travers la planète. Du saumon Ouananiche et du Québec, à l'omble Iwana du Japon...

Le chasseur de braconniers

140 x 225
noir / 120 pages
Prix public : ~~18€~~ **17,10€**

ANDRÉ GERMAIN

Voici un livre qui nous livre la vie de la Sologne, de la chasse, des grandes propriétés, le caractère es hommes, truffés d'histoires, toutes vraies, d'anecdotes, d'interventions courageuses, -il s'est fait tirer dessus-, de personnages hauts en couleur.

www.cpe-editions.com

Terroir «Classiques»

NOUVEAUTES

Périgord
Le moulin du Frau
Eugène Le Roy

Prix public : ~~19€~~ 18,05€

Lorraine
Terres Lorraines
Emile Mosella

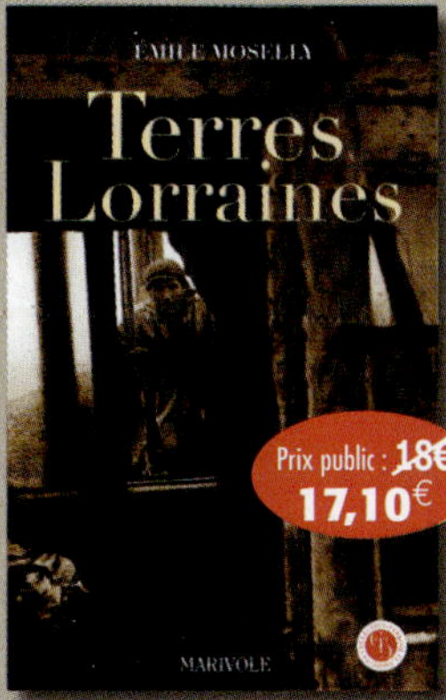

Prix public : ~~18€~~ 17,10€

Quercy
Le Bouscassié
Léon Cladel

Prix public : ~~16€~~ 15,20€

Sologne
Celui du bois Jacqueline
Gaston Chéreau

Prix public : ~~16€~~ 15,20€

Lyonnais-Beaujolais
La terre qui vit
Pierre Aguétan

Prix public : ~~16€~~ 15,20€

Brie
Le moulin Blant
Emille Dodillon

Prix public : ~~16€~~ 15,20€

DEJA PARUS

Prix public : ~~20€~~ 19€

Sologne-Orléanais
Pisseur au vent
Chérif ZANANIRI

Berry-Creuse
L'Enfant du Pont du Diable
Alain LEBRUN

Auvergne
La Cité éphémère
André BOUDON-DELMAS

Retrouvez tous les romans Terroir «Classiques» sur www.cpe-editions.com

Berry
Le Temps des blés
Guillaume TROTIGNON

Limousin
Allons enfants...
Stéphane BEIN

Pyrénées
Tragine, bandit de l'Ariège
Pierre-jean BRASSAC

Berry
Les Épis murs
Jacky NAUBRON

Touraine - Berry
La Perdrière
Éliane AUBERT-COLOMBANI